關帝學 聖鸞學院系列叢書

大道向前行

後疫情時期宗教的回應

中華玉線玄門真宗教會教尊
陳桂興—— 總召

真理大學教授、台灣宗教與社會協會理事長
張家麟—— 總編

目　Contents　錄

Part 1

宗教家運用「神學觀」因應瘟疫

Part 1-1　奉神之名救災抗瘟：名家點評　　16

Part 1-2　宗教倫理生態‧科學並重：線上座談　42

點將 1

宗教領袖對談

中華玉線玄門真宗

教尊 陳桂興

高雄意誠堂

主委 洪榮豐

中華關聖帝君弘道協會

總會長 吳光雄

屏東南州代天府

主委 黃瑞吉

中華桃園明聖經推廣協會

理事長 黃國彰

基隆代天宮

常務監事 藍德俊

中華儒道研究協會

理事長 王祖淼

天德聖教台南市念字聖堂

董事長 胡萬新

中華佛寺協會

秘書長 林蓉芝

理教總公所

總執行長 胡文中

中華天帝教總會

副理長 沈明昌

台灣省道教會

副理事 林明華

全球和平聯盟

副理事長 陳拓環

三芝錫板智成堂

正鸞 葉雲清

中國真佛宗教會總會

榮譽理事長 蓮歐

無極御令合發宮

宮主 陳俞嬑

中華民國天道總會

天道弘揚委員會

主任委員 葉俊麟

財團法人山達基教會

人道計畫辦公室

主任 莊凱仲

點將 2　名家點評

主講　中研院民族學研究所研究員／所長　張珣

經歷　科技部人類學與族群研究學門召集人

　　　台灣人類學與民族學會理事長

學術　文化人類學、醫療人類學、宗教人類學

主講　真理大學宗教學系教授　張家麟

經歷　台灣宗教學會理事長

　　　台北市市政與宗教顧問

學術　宗教社會學、華人民間宗教、宗教比較學

主講　政治大學宗教研究所教授　謝世維

經歷　華人宗教研究中心主任

　　　台灣宗教學會理事

學術　中國道教、民間宗教、佛道交涉、佛道藝術

主講　故宮博物院書畫文獻處研究員／科長　劉國威

經歷　佛光大學宗教學系主任

　　　台灣宗教與社會協會理事

學術　西藏佛教、故宮文物、佛教研究

主講　逢甲大學歷史與文物研究所教授 王志宇

經歷　台灣古文書學會理事長

台灣古文書會刊總編輯

學術　台灣史、民間宗教、地方學與地方文化

主講政治大學中國文學系教授 高莉芬

經歷　華人宗教研究中心主任

學術　神話學、文學人類學、道教神話、民間宗教

主講銘傳大學通識教育中心副教授 劉久清

經歷　宗教哲學季刊總編輯

學術　社會科學的哲學、社會會哲學、宗教哲學

主講　高雄師範大學經學研究所副教授 陳章銓

經歷　中華經典學會及高雄市經典文教學會理事長

高雄餐旅大學、高雄海洋科技大學兼任助理教授

學術　周易、論孟、三傳、鸞堂研究

主講　真理大學觀光系助理教授／校牧室主任 王榮昌

經歷　台灣基督長老教會牧師

台灣神學院助理教授

學術　基督宗教神學、文化觀光、觀光人類學

序1 因應疫情的精進修行與祈願祝禱

中華玉線玄門真宗教尊　陳桂興

今天學術論壇的主持人張家麟教授、線上的各位與談專家學者，及各宗教、宮院堂的主事宗長、宗教前輩，大家好：

2020年庚子年，因受到新冠肺炎疫情的影響，絕大多數國家對集會都頒佈了禁令。這對於以「人」為服務對象的宗教、宮廟、寺院，產生了重大影響。導致宗教、宮廟、寺院紛紛將慶典活動與聚會…等，宣佈延期或取消。

由於宗教集會的禁令，讓許多原本可以透過活動、聚會來教化眾生的宗教、宮廟、寺院，以及宗教人士們，感到憂心不已。不過，也因為面臨這樣的困境，才造就今天的我們，能夠藉由網路科技來宣揚宗教教義、濟世、儀軌…等。可見線上活動此一方式，已經蔚成風潮，是宗教界不能再輕忽的事情了。也就是說，過去單以實體方式的宗教活動，現在必

陳桂興教尊：召集「大道向前行」線上會議

須思考視情況需要，逐漸改採網路來進行。

今年在 玄靈高上帝關聖帝君聖壽籌備祝壽活動時，蒙 玄靈高上帝關聖帝君指示，必須符以疫情嚴峻的

社會現況與祝壽的真實意義，規劃一系列能助益眾生在起伏動盪的困境中，獲得庇佑與轉機的慶典活動。

其中，最重要的就是延請張家麟教授及台灣宗教與社會協會，承辦規劃「大道向前行－後疫情時期宗教的回應」為主題，廣邀宗教學者教授、各宮院堂主事、宗長、宗教前輩，一起上線來研討並發表論述。

未來，本教門也會將系列論壇內容、研討等出版專書，提供給各宗教前輩們，當作後疫情時代的建議參酌。

再者，要虔敬的邀請各宗教、各宮、院、堂主事、宗教前輩們，一起在　玄靈高上帝關聖帝君聖壽祝壽期間，再一次以點燈儀式，義結浩然正氣。祈願能得到諸天神聖仙佛，廣發神威庇佑眾生，化解台灣疫災，弭平台灣的疫情。並救贖受疫災的眾生免除苦難，安定人心，社會能無病無災，家庭生活正常，士、農、工、商都能恢復營運，經濟逐漸活絡，讓安康幸福和諧的社會早日運轉回來。

謝謝各宗教、各宮院堂的主事、宗長、宗教前輩們的支持，及宗教學者教授的協助，謝謝大家。

玄門真宗為現代型教門

序2 祝聖・弘法・避瘟・精進

「大道向前行」線上系列講座

真理大學宗教學系教授 張家麟

中華玉線玄門真宗教會為台灣地區第 26 個在內政部合法立案的宗教，在彰化設立**玄門真宗總教區──玄門山**。於**東、南、西、北、中五方各有道場**，是一個「現代型」的恩主公信仰、修行、弘法、度九玄宗教團體。

其教門領袖陳桂興教尊發願，希望在台灣瘟疫期間內，持續弘法佈施。在諸多寺廟院堂無法作為之際，走出一條生路來。以「廟學合作、神人對話」的線上講座，慶祝關聖帝君聖誕 1860 歲生日快樂。

我深深覺得陳桂興教尊具有宗教家「永不停歇」弘法、教化子民的情感和眼界，與教尊討論後，設定「2021 大道向前行：後瘟疫時期宗教的回應」主題。預計在農曆 6/24（國曆 8/1）恩主公聖誕前夕，從 7/26（週一）至 7/30（週五），每天下午三至五時，作五場講座為帝君暖壽，也饗閱聽大眾、信徒。希望此系列講座，能帶來

張家麟教授：規劃「大道向前行」線上會議

各位身心靈平安，不斷精進法喜，智慧增長、自度度人。

第一場，以「宗教家如何運用「宗教神學觀」因應當代瘟疫」題。

第二場討論：「宗教家如何運用眾神之功能處理瘟疫」。

第三場從儀式的視角，談「宗教家如何用宗教儀式化解瘟疫」。

第四場希望你我不停止修行，論「瘟疫流行時，我們要如何修行、養身、避瘟」

第五場，反思「疫情擴散，宗教家如何看待政府管制宗教」，各宗教

的困境、回應、發展等問題。

我們邀請陣容堅強的、跨宗教、各大專院校知名的專家學者，分別是：中華玉線玄門真宗教尊陳桂興、高雄意誠堂主委洪榮豐、台中南天宮主委兼關聖帝君弘道協會總會長吳光雄、基隆代天宮常監藍德俊及屏東溪州代天府主委黃瑞吉、中華佛寺協會秘書長林蓉芝、省道教會副理事長、宜蘭地母廟林明華、理教總執行長胡文中博士。

另外，尚有全球和平聯盟副理事長陳拓環、三芝錫板智成堂正鸞華雲清、天德聖教台南市念字聖堂胡萬新董事長、天帝教總會副理事長沈明昌博士、中國真佛宗蓮歐上師、无極御令合發宮陳俞嫡宮主、大潭保安宮省修社天恩堂蘇榮利總幹事及中華道研究協會王祖森理事長等宗教領袖。

本地知名的學者：中央研究院張珣研究員兼所長、國立政治大學謝世維教授與高莉芬教授、高雄師範大學副教授康韋金、逢甲大學王志宇教授、銘傳大學劉久清副教授、故宮劉

國威研究員兼科長、真理大學王榮昌助理教授兼主任牧師等宗教學領域之教授。

由我專案負責，陳桂興教尊、各宮院堂領袖、專家學者等，分別在五場擔任講座、進行對話，共同思考「阮的宗教過去、現在未來如何面對瘟疫及化解瘟疫？」這個具跨宗教意義的熱點話題。

希望敬愛、崇拜帝君，關心疫情的朋友，能在 7/26-30 日，每天下午三至五點上線，共同參與、學習、修行、精進。

最後，本會及玄門真宗再度攜手，誠摯祈求帝君一本疼惜蒼生救贖眾生的誓願，賜福各位，願各行各業能脫離困境，染疫者康復，健康者免疫，施打疫苗者安康，全球疫情早日止息。

一切祝禱、弘法，皆奉帝君聖名祈求；也齊聲祝福視生日快樂！

「與其朽壞‧寧願燒盡」為修道者的典範

Part 1
宗教家運用「神學觀」因應瘟疫

面對瘟疫，承擔天職，尊重科學，道法自然，堅善天下

Part 1-1　奉神之名救災抗瘟：名家點評

那種「神學觀」適合用在當代瘟疫？

真理大學宗教學系教授 張家麟

巫醫觀：用張天師符令抗瘟

瘟疫來臨時，中、外的宗教教主或領袖幾乎都有對此反思。他們提出宗教神學或醫學的解釋、實踐，帶領門徒或信徒化解瘟疫。

早在西元2、3世紀，西方羅馬帝國流行瘟疫，基督教領袖對此災難提出解釋。宣稱染疫而死的基督徒，是蒙主寵召，獲得永生。躲過瘟疫者，歸因於神的恩典。無論死亡或生存的論述，都來自於上帝的恩典，強化了異教徒對基督信仰的改宗，及主內兄弟對上帝的認同。

至今為止，這種「神恩觀」，仍是基督教徒面對瘟疫的主流信仰。除此之外，到 14 世紀歐洲黑死病橫行，基督教領袖再提出「懺悔觀」。認為瘟疫是上帝對人類的懲罰，基督徒唯有自我鞭笞身體，或尋找代罪羔羊，向神表達懺悔，才能獲得拯救。

前者，類似於漢人送王船儀式中，信徒對王爺行懺悔書文，或用廷杖鞭打懺悔者，亦或是以舉枷遊街象徵向王爺、天神懺悔。西方基督教的鞭笞派已經絕跡，東方的送王船向瘟王懺悔依舊傳唱。至於尋找猶太人當作代罪羔羊，認為他們是瘟疫的淵藪，也被認為不符合人道精神，而加以拋棄。

基督教的神學觀發展到 16 世紀，馬丁路德與喀爾文兩位新教領袖，面對瘟疫提出的「天職觀」。

他倆認為，鼠疫侵襲歐洲，傳教士應該承擔上帝賦予的使命，陪同政府官員、醫療團隊、治安人員留守在疫區，照顧染疫者。這種接受神的呼召，類似耶穌扛下十字架的作為，感動了災民。

發展到今天，教宗方濟各在瘟疫期間仍說，傳教士要在疫情期間，投入愛德的工作來彰顯人世間的正義與和平。如果各宗教領袖及其神職人員、信徒，有此情操、認知與作為，我估計將可感動諸多的百姓及染疫者。

神恩觀：災後存活者謝上帝

懺悔觀：基督徒鞭笞自己（翻攝網路）

溫王爺具懲奸與驅瘟觀

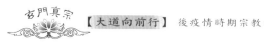

行善觀：慈濟證嚴法師捐贈 10 億救疫災（翻攝網路）

「天職觀」是要求宗教神職人員將宗教當作一項志業。換言之，宗教人士在瘟疫期間如同在平時，皆要「代天宣化」、「代神行公義、好憐憫」、「與民同在」及「同體大悲」。

理解西方宗教的天職觀，至今歷久彌新。再回頭看東方宗教的「懲奸觀」與「驅瘟觀」。

這兩種神學，都把瘟疫當作非科學的宗教解釋。「懲奸觀」是認為，瘟疫源於人世間的男盜女娼，道德淪喪，因此，老天爺派遣瘟神，降瘟懲罰。「驅瘟觀」則以為，瘟疫來自於鬼祟，如果要去除瘟疫，就要運用法術，請下斬妖除魔的神明，來到人世間驅瘟。

以現在科學來看，瘟疫的根源在於細菌或病毒，可能與道德、鬼祟無關。但是，這兩種觀點，依舊存在於台灣漢人社會中的民間宗教信徒，對斬妖除瘟之神的崇拜及相關的暗訪、日巡、繞境等驅瘟儀式。對信徒而言，崇拜這些神祇，行這些儀式，會帶來內心的安定效果，但它們能否真正的驅瘟，令人懷疑？

在科學未昌明的年代中，東漢建安時期，二次大瘟疫，天師道派領袖張角就用「巫醫觀」對抗瘟疫。

當年，建安七子中五個才子，被瘟疫奪走性命。曹操南征途中，也因官士兵染瘟過多而北返。張角用「祝由」、「逐疫」、「禱解」、「避疾」、「辟除」等巫術，為染瘟者「治病」。

發展至今，道教、民間宗教與佛教，尚有部分領袖用靈符、持咒語，帶領信眾抗瘟。在我看來，這些作為頂多是把宗教當作「安慰劑」。能否驅趕瘟疫離境，也令人質疑？

到了當代，人間佛教的印順與太虛大師，主張去除了佛教中的巫術，而用在人世間修行、拯救蒼生、利國利民的角度，重新詮釋佛經、踐行佛法。兩位大師播下的種子，在台灣開出了慈濟山、佛光山及法鼓山等三座美麗的花朵「山頭」。

其領袖面對瘟疫，提出了「行善觀」的修行法則。用宗教力量購買疫苗，協助國家拯救災民及百姓，而使台灣佛教得到了新的生命及發展。我以為這種修行觀吻合宗教的理性情感，而且讓宗教可以和現代科學共融並存。

綜觀這些中外宗教家對瘟疫提出的神學觀，唯有神恩觀、天職觀、懺悔觀、修行觀，能與時俱進；可見之於當代及未來社會。相反地，鞭笞派、尋找代罪羔羊觀、懲奸觀、瘟疫鬼祟觀及用巫術來治療染瘟者觀，則已過氣。它們將被現代科學，及以理性見長的現代政府管理瘟疫政策，這兩種力量替代。

鍾馗捉鬼

驅瘟觀：淡水清水祖師具驅除瘟疫神格 - 暗訪安營目的在淨化本境

宗教如何化解瘟疫

台灣宗教與社會協會

官將首暗訪旨在驅除瘟疫厲鬼

政治、科學防疫當道，宗教似乎完全插不上手？政府一聲令下，教會、清真寺、佛寺、宮廟全面關閉，信眾無法入內親近上帝、阿拉、佛祖或眾神，向祂們祈求。祂們既不能言語，也鮮見各宗教代言人說話，安慰忐忑不安的信眾。

更別說像日據時期，先民「勇敢的」請出斬殺瘟鬼的玄天上帝、關元帥、清水祖師、青山王、大眾爺、五瘟神或城隍爺，出來「暗訪」驅鬼魅，「日巡」安境保民。現在，「繞境」也全部在政府的管制之列。

當各宗教束手無策之際，日昨（5/28）國際佛光會以星雲法師為首，用「我佛慈悲」、「苦民所苦」、「救苦救難」的心情，向政府提出申請，從美國進口50萬劑嬌生疫苗，拯救蒼生。

儘管劑量有限，其作為，已著實令我動容！考諸史實，這與16世紀基督新教路德、喀爾文教派的「天職說」及牧師的作為，不謀而合。想當時，黑死病橫行歐洲，這兩基督新教的神職人員不畏死、犧牲自己的性命，深入疫區拯救染疫者。

這種代表上帝、耶穌，與百姓、災民同在，不離不棄的「天職」，感動了諸多信徒或非信徒；認定為他們是上帝差遣到人間的「天使」。他們的行逕既「榮

星雲大師的佛光山投入 2021 救瘟善行

神益人」；後來證實，也發展了自己的教派！

當瘟疫來到當代，宗教神職的「博愛」眾生之情，本質相似。此時此刻，災民、第一線醫生、護理師、消防、警察人員最須要的是各宗教神祇及其代言人的護衛。宗教團體領袖應該挺身而出，而非配合政府噤聲、宅在家、隱身。

神職人員可以苦民所苦，動員信徒的人力資源及鳩合物資，投入防疫。尤其當「自私自利」的醫護臨難請長假，可以用神之名，邀請、召喚信徒身份的醫師、護理師遞補。

現在，台灣百姓最缺乏的是疫苗；我們可以跟上佛光山的腳步，發動捐款購買救命的疫苗。以神愛世人之名，想辦法排除官僚體系的關卡，讓疫苗快速通關，以救燃眉之急。

宗教當與科學攜手合作，對抗這場瘟疫。這是神的旨意，也是宗教神職人員的「天職」！

長老教會馬偕牧師以醫療救治台灣百姓

漢人宗教與道教的懺悔觀

政治大學宗教研究所教授 謝世維

董仲舒：瘟疫源於統治失能

墨子：祭祀天鬼，去除禍祟（翻攝網路）

早期的天命政治思想當中宇宙的運行與天子有著關連性，天子無德會導致陰陽失調。這種災異觀在董仲舒以後更加系統化。《論衡・譴告篇》已將這種觀念作類比，天出現災異就好比人身體出現疾病，而災異是天對國政的譴告；疾病則是天對個人的譴告。這裡明確將身體與國家類比，而將疾病與災異類比，這種類比也成為懺悔的基礎。從國家層面來看，天子的道德與天下的福禍有著密切關連性。《墨子・天志篇》也論道：「若己不為天之所

欲，而為天之所不欲，是率天下之萬民，以從是乎禍祟之中也。」而談到除災之法說：「天子為爆，天能罰之，天子有疾病禍祟，必齋戒沐浴，潔為酒醴粢盛，以祭祀天鬼，則天能除去之。」在這種災異觀念與感應論的背景下，天子個人道德關係到天下的禍福，反過來看，天象成為天子道德之依據，天災或異象成了天子有罪的象徵。

早期天師道有深刻的罪咎意識，並有相對應的教戒禁忌與解罪儀式。並以「過」、「惡」或「罪」來指涉

這種過失。這種「罪」有兩個層面，首先是會導致個人與家庭的疾病與災禍，其次是罪有擴展性，會殃及後代子孫。這背後有一套完整的天槽考校懲罰的宗教倫理系統。從災禍疾病與罪的關係來看，解除這種聯繫的就是透過懺悔。一般學者將首過追溯自五斗米道三官手書，以及張角黃老道的「跪拜首過」「以療病」。而天師道的儀式當中首過是重要的程序，其中與疾病醫療有重要的關聯性。《玄都律文》即清楚指出：「夫人有疾病者，坐過於惡，陰掩不見，故應以病。因緣非飲食風寒而起也。由其人犯法違戒，神魂拘謫。」病痛的療癒與懺悔及赦免有直

老子：人法自然足以避瘟

張道陵：向天地水懺悔

張角：以祝由術驅瘟（翻攝網路）

接關係，而祭酒則是扮演療癒儀式的中介角色，透過編撰首過（懺悔）之辭並代為信徒傳遞正式章文。其中，「疾病災禍－罪過－懲罰」構成天師道罪感意識的解釋面，而「消解疾病－首過－祈請赦罪、解除考謫」構成天師道罪感意識的救贖面。首過有幾個層次，首先是將疾病原因認定為罪過；其次是有自我懲罰行為；其三是將自己認定為悔過者。從此來看，罪與疾病的聯繫性使信仰者能透過身體而意識到自己的罪感，透過罪感的認知再從事宗教式的首過與自我懲罰，因此首過除了上章與自搏，有時加上散髮叩頭，謝寫僭違罪過，最後達到祈請解罪的救贖目的。

當今的全球疫情，顯示的是人類對自然的無度破壞，對物質慾望的無限擴張，天地對人類所展開的反撲。人類應該虛心懺悔，重新拾回對天地的崇敬、對萬物的尊重，對神明的虔信。人類與萬物是相連結的，如果人類讓自然生態完全失衡，人類將會是最大的受害者。從宗教生態倫理學的觀點來看，唯有人能夠懺悔，改變人類的生活模式，尊重生命、崇敬神靈，才能夠回歸正常健康的生活。

以三官手書行懺悔謙卑之儀

修五常德懺悔自己

基督宗教的「天職觀」

真理大學觀光系助理教授 / 校牧室主任 王榮昌

耶穌釘在十字架上

生命的指引是宗教信仰的主要課題之一，讓信徒能在不同處境中，依靠信仰的指引，面對每一日生活，朝未來邁進。宗教信仰能夠在不同處境，提出適切回應與教導，在信徒間產生影響，這種宗教信仰才有機會繼續延續下去。基督教開展動力如其他宗教傳統，在不同時期，通過教內不同傳統間，針對經文、教義重新詮釋互動過程中所產生，特別是藉由日常生活中將信仰實踐體現，獲得大眾支持的傳統，成為不同時期，社會大眾對基督教認知的基礎。在經歷不同時期發展，領受上主呼召，成為耶穌基督的門徒，畢生「追隨基督」的傳統，成為基督教面對不同世代，特別是苦難情境，支持基督徒面對與經歷的主要關鍵信仰要素。

耶穌時期

根據基督教傳統，基督教的出現，源自開創者耶穌，為讓世人理解上主對世人的拯救計畫作為，通過耶穌「道成肉身」取人的樣式，與人生活在一起，

《聖經》

《基督教的興起》

以拯救者「基督」的身份，指引帶領人回歸上主所安排的天國樂園[1]。在耶穌時代，當時社會認為疫情疾病產生有幾種原因[2]：1. 因上主要懲罰背逆的人，2. 來自以誘惑人離棄上主信仰為主業的魔鬼，3. 因個人生活習性造成。痲瘋病（癩病）是當時社會中常見的疫情疾病，這種病患，按猶太傳統是屬不潔淨的人，又因會傳染，從社會群體及家人中被隔離開，圈居在偏遠山區，當時病患如敵人般，被眾人驅趕。採隔離作法，除能避免人與人接觸傳染之外，從宗教傳統規範上，又能顯示出與不潔淨的人有所隔離。面對被社會大眾棄絕的邊緣人，耶穌主動伸出援手接納他們，幫助他們脫離困境，給予新的人生[3]。耶穌不畏疾病的危險，助人的事蹟，成為基督教會信眾跟隨與學習的典範。

羅馬帝國時期

當第一世紀基督教從中東耶路撒冷傳至羅馬帝國主政的歐洲時，初期面臨帝國與社會壓迫挑戰，處境非常艱難。然而基督教如何從社會邊緣團體，演變成主流宗教信仰，主要關鍵事件，從當時的社會面臨幾次疫情災難，帶給當時社會很大的生死危機，然而疫情危機對於基督教卻是轉機的契機。根據史料記載公元 165 年當奧理流（Marcus Aurelius）皇帝主政時期，首先是遠征軍受到感染，然後擴及整個帝國，死亡人口數不確定，依據學者斯塔克（R. Stark）

1　N. T. Wright, 'Jesus'（耶穌），楊牧谷，《當代神學辭典》（下冊），台北：校園書房出版社，1997，616-620 頁。

2　恩沛，〈聖經中的疾病與醫治〉，《聖靈》，379 期，2009.04。資料擷取 2021/07/21https://joy.org.tw/file/holyspirit/379/200904-379-57.pdf

3　事蹟例子參考《聖經》，香港：聖經公會，1989，馬太福音 8 章。

推論[4]，大約佔全國總人口的1/4到1/3；第二次在公元251年又爆發另一場災難，羅馬城單天死亡人數達五千人，其影響不單在城市，同時也擴及至鄉間，兩次的疫情災難，造成社會大眾對當時的政權產生質疑，也造成對社會互惠關懷的倫理道德帶來很大挑戰衝擊。在政權與醫療面臨難以控制的疫情災難束手無策，無法提出具體解決方案時，造成社會大眾心中不安與恐懼，特別原本社會互惠照顧的倫理，也因此轉變成對病患鄙視與排擠，正當大眾逐漸失去信心與道德良知時，基督教秉持回應上主呼召，跟隨基督的信仰，在當時大眾對疫情與病患避之唯恐不及，唯獨基督徒以「愛與服務」的信仰，在日常生活中照護病患與提供服務，基督徒的行動，確實在當時疫情擴散，處於危機的社會中，為大眾帶出另一種希望，也因此讓人重新看待基督教與獲得新的社會地位。

中世紀時期

十六世紀路德面對當時社會所處苦境時，依循「跟隨基督」（conformity Christ）的信仰基礎[5]，提出「聖召」「天職」（Calling、Vocation）的信仰觀點，

韋伯：喀爾文、馬偕等牧師跟隨基督承擔天職（左起，翻攝網路）

---

4 Rodney Stark, The Rise of Christianity：A Sociologist Reconsiders History, N. J: Princeton University Press, 1996. 中譯版．斯塔克（Rodney Stark），《基督教的興起：一個社會學家對歷史的再思》，黃劍波、高民貴譯，上海：上海古籍，2005，第四章。

5 P. N. Hillyer, 'Imitation of Christ（效法基督）,' 楊牧谷，《當代神學辭典》（上冊），台北：校園書房出版社，1997，583-584 頁。

基督長老會「焚而不燬」的天職觀

重新說明，因為上主一都在工作，他一直在普通的行業中作工[6]，所以每一位基督徒是受上主選召，論所處何處境，擔任何平凡職位，都需盡忠職守，跟隨耶穌基督做事的樣式，通過日常所做的事，見證所信，榮神益人。

韋伯（M. Weber）[7]指出宗教改革家，例如路德，以「天職」來自上主的選召來解釋所負責的工作，是基督教工作倫理的重要元素；由此延伸到社會各層面，是避免世俗的玩樂，這是精準運用時間與有紀律地安排工作的重要動力。韋伯認為這種工作倫理，與歐洲早期的資本主義有密切的關係。使人重視工作的價值，包括宗教價值，而其範圍則由個人委身於工作，甚至推及到社會組織也是在其內。

在 1494 年到 1649 年之間，疫情在歐洲造成很多人的死亡，讓歐洲社會籠罩在死亡的大恐懼中。路德與喀爾文面對疫情的困境與威脅時，秉持天職與跟隨基督的信仰，積極參與救災與病患的關懷[8]。然而面臨危機時，正是考驗信仰

6　羅倫培登，（Roland H. Bainton），《這是我的立場－馬丁路德傳記》，陸中石、古樂人譯，南京：譯林出版社，1993，第十四章召命。

7　H. H. Davis, 'work（工作），' 楊牧谷，《當代神學辭典》（下冊），台北：校園書房出版社，1997，1211–1212 頁。

8　當時教會內部面對疫情，出現不同意見的資料參閱 Barry Waugh, 'John Calvin & Plagues,' Presbyterians of the Past, 資料擷取 2021/07/20 https://www.presbyteriansofthepast.com/2020/03/22/john-calvin-plagues/

的時刻，當時教會內部也出現，誰要負責第一線的救災工作的聲音與相互推卸的爭論事出現。不過，喀爾文面對因疫情產生教會內部的信仰挑戰時，他以堅定信仰與積極對同工的關懷，將教會內部救災人事穩定下來，帶領教會一起度過疫情所帶來的艱難處境。

現代處境

自從台灣與全世界面對疫情的侵襲起，日常生活失去原本步調，雖然醫學進步，但是面對疫情病毒仍有許多不確定性，帶來對生命的威脅，也造成人性關係的漠視與疏離的挑戰，基督徒面對疫情的困境時，雖然與早期基督教所面臨的情境許多不同之處，但是基督徒如何從信仰產生支持動力，對於生命的關懷與指引是相同。與歷代基督教會信徒一樣，當代基督徒承續從上主來的呼召，領受天職，身處在社會不同階層，從事不同工作，所做都是為讓上主名得榮耀。誠如教宗方濟各2020 年 8 月 5 日所說：「**我們必須定睛注視耶穌，憑著信德擁抱耶穌給我們帶來的天國的希望。這個治癒和救贖的國度已經臨在於我們當中，這是一個藉著愛德工作來彰顯正義與和平的國度，而愛德又增進望德並堅固信德**」[9]。

教宗方濟各：以信仰、道德來治癒瘟疫

9　資料擷取日期 2021/07/21https://www.vaticannews.va/zht/pope/news/2020-08/pope-francis-general-audience-faith-hope-charity-social-doctrine.html

對宗教神學觀因應當代瘟疫的哲學反思[1]

銘傳大學通識教育中心副教授 劉久清

兩劍論：把凱撒的東西給凱撒，把上帝的東西給上帝 （本篇圖片翻攝網路）

要討論宗教家如何以宗教神學觀因應當代疫情問題，就是要以宗教理性參與一項公共議題的討論，要以宗教理性參與一項公共事務。

但是，在現代世俗化社會「把凱撒的東西給凱撒，把上帝的東西給上帝。」[2] 此一政教分離的原則下，在討論公共事務及與之相關的公共議題時，我們常須秉持的是世俗理性，而非宗教理性。

其所以如此，Habermas 指出：是因為世俗理性之不同於宗教理性，在於宗教理性對信仰的確定性毫不質疑，世俗理性則會對各種有效性主張的確定性進行公開批判。但是，也不宜以世俗理性為標準去評價宗教之合理性或非理性[3]。

尤其是在今日這個多元文化的社會中，多元價值、標準並立，個別宗教的宗教家如堅持其宗教理性勢必排擠，乃至排斥其他宗教的宗教家。因此，在討論公共議題、處理公共事務時，需以世俗理性為依據。

1　本文之討論主要參引自劉久清，〈公民宗教與宗教公民〉，《哲學與文化》第四十四卷第四期（2017.04 ）：159-174。

2　語出《聖經》之〈路加福音〉廿章 19-26。

3　爾根·哈貝馬斯（Jürgen Habermas），〈宗教、法律和政治——論文化多元的世界社會中的政治正義〉，任俊、謝寶貴譯，《哲學分析》1.1(2010): 116。

　　但是，身為社會的一個成員，宗教家自然也會受到各類公共事務決策之影響，則其參與討論（尤其是涉及己身的）公共事務，固為應有而不得剝奪之權利。

　　在此權衡下，Habermas 乃主張：宗教家在一個多元社會中應對其自身立場有以下三重反思：首先，宗教意識必須與其他信仰和教派求同存異；其次，必須立足於對世界知識擁有社會壟斷權的科學權威；最後，必須認可以世俗道德為基礎的立憲國家的前提[4]。

　　今天這場會議的目的，不應該只是提供一個平臺供各種不同宗教各述其志，各自展現如何以其神學觀因應當代疫情，更不是要藉此比較哪個宗教更能因應疫情，而是希望集合各種宗教的智慧，共同協助大家能正面、積極地面對、因應疫情。

　　這就需要各種宗教的宗教家以其神學觀討論疫情問題時，需尊重自然科學研究之發現，更須能設法與其他信仰和教派求同存異。如此，本次論壇方得進行有效對話，方有可能對如何因應疫情達成有意義之結論。

　　要切實做到求同存異，必須先達致相互理解。樣做到這點，有賴於沈清松所提出的外推（strangification）：在交談過程中，首先進行語言的相互外推，將自己的語言翻譯成對方能理解的語言，並不斷反省語言、言說表達的意義與限制；其次是實踐的相互外推，將自己的主張由自己所在的脈絡中抽出，置入對方所在的脈絡中，並反省各種不同價值系統、實踐方式所導致差異極大的倫理、文化類型，以及不可堅持、執著己見；

哈伯瑪斯：宗教要多元包容、尊重科學與憲法

最後是本體的相互外推，致力於經由實在本身的迂迴進入對方的世界，並反省

<hr />

4　Jürgen Habermas, "Faith and Knowledge," in The Frankfurt School on Religion: Key Writings by the Major Thinkers, p. 329.

透過不同面向看待終極真實開顯的可能，以及終極終究有其隱藏的一面[5]。

能做到這些，實即意謂了寬容（tolerance）。寬容在此既是指世俗與宗教，更是指不同宗教信仰的宗教家相互間應有的一種態度。

對此 Habermas 主張：[6]將「宗教的寬容」理解為「對懷有別樣拯救思想的另類世界宗教的寬容」。其重點為不同宗教在認識論上存在分歧，寬容即傾向於避免因分歧產生的衝突。因此，「只有劃定一種使所有相關者均認同的寬容領域，才能拔掉扎在寬容之中的那根不寬容的芒刺。」也就是說，「如果要讓所有可能的相關者對相互寬容的前提達成共識，就必須促使他們彼此承認並接受他者的視野。」

宗教家以其宗教信仰表示對公共事務的意見，所需具備之素養，除了寬容，當然還需能進行理性溝通，更重要的是本於理性獲致共識，以確立公共決策。

五月花號誓約：追求新教徒的宗教自由

洛克：論宗教寬容

5 沈清松，〈公共領域中宗教交談的方法論檢討與展望〉，《「宗教與公共領域」學術研討會論文集》（新北：輔仁大學哲學系，2016），頁 23-24。

6 尤爾根・哈貝馬斯（Jürgen Habermas），〈我們何時應該寬容——關於世界觀、價值和理論的競爭（Wann müssen wir tolerant sein? Über die Konkurrenz von Weltbildern, Werten und Theorien）〉，章國鋒譯，《馬克思主義與現實》雙月刊，2003 年第 1 期，2003：108

遺憾的是，因於人類的價值、信仰、立場在本質上屬於多元狀態，彼此之間無法通約共量，致冀圖以公共領性整合多元意見，往往難以達成共識[7]。

沈清松：宗教間彼此理解、分享而得歸屬

其可能的突破，或許在於由理性走向「講理（reasonableness）」。

沈清松指出：講理在認知面關切的是意義，其判準既非邏輯有效性也不在否證，而是飽沃（saturation）；其實踐面在主體選擇與個人、集體的參與意義建構。講理實為理性達到對理性自身原初、整體的理解，所有理論／實踐、知識／行動、思想／存有、主體性／客體性的區分，可理解為對理性自行領悟後的自我分化，而在此理性自身的終極努力中獲得證成。透過講理，可使理性達至整全化功能、成為整全面向的參照[8]。

或許唯有透過講理，而不只是進行理性論述，才可能彼此共同分享，並發展出歸屬與連結。

如此，本次會議意圖達成的，以宗教神學觀對當代瘟疫發展出積極、正面的因應之道，從而切實發揮宗教因應當代瘟疫所應有、應展現的價值，才有可能真正實現。

---

7 劉久清，〈後世俗社會的宗教公民〉。中華宗教哲學研究社、中國社會科學院世界宗教研究所主辦，「2015 紀念涵靜老人學術研討會：宗教文化與實踐」。

8 沈清松，〈外推、理性與講理：試論心理治療的哲學基礎〉，《國立政治大學哲學學報》4(1997):48-50。

那裏找「宗教倫理道德」？

真理大學宗教系教授 張家麟

政治家有孔子的倫理道德嗎？

高端疫苗通過台灣食藥署「緊急使用權」（EUA）後，層峰宣稱：「**疫苗是科學問題，不是政治問題**」。聽了之後，不禁令我莞爾。

言下之意，彷彿我們的「政治家」非常尊重「科學家」。然而，仔細理解「疫苗政治」的本質，「政治力」早已壓過了「科學力」。決策的「政治家」和護航的「科學家」，她（他）們利益至上，心中可有為人民設想的基本「宗教倫理道德」？

台灣的官僚體系下的疫苗決策，事實真相為何？只要舉幾個例子說明，就一清二楚：

首先，高端、聯亞疫苗未通過二期，政府就宣稱各採購500萬劑。換言之，無論它倆是否具安全、療效，政府資金幫定了。這是標準的「政治力」，而非「科學力」，並且拋棄為人民把關、服務百姓的「仁民愛物道德」。

其次，二期解盲後，政府就接受陳建仁院士之建議，以全球科學家皆未認同的「免疫橋接」（immuno-bridging），取代三期實驗。再次以「政治力」強度關山，創造台灣奇蹟。擱置科學實驗所需要的「倫理道德」。

過沒幾天，食藥署延聘同一立場的學者，趕開「秘密審查會議」。21位委員中，以18比1壓倒性的通過；這又是配合政府既定的政策原則。「橫柴舉入灶」，在未檢驗疫苗療效，就先行製造，準備8月為百姓施打。是標準的「政治力」領導「科學力」。

雖然高層信誓旦旦說：「**安全有效的疫苗才會讓民眾施打，不安全不**

有效，就不會讓民眾施打。」但是，已經製成了，無論它是否具療效，就可能施打於百姓身上？此時，形同把百姓視為實驗室的「白老鼠」，忽視其「作為人」的基本人權。

現在，我們官員行政權威至上，御用科學家像是得了軟骨症，一個個配合政府。兩類人結合，沆瀣一氣，共同把人民當作「第三期實驗對象」。如果疫苗沒副作用，它只是個「安慰劑」。反之，疫苗產生不良的副作用時，它就變成「傷人劑」、成為世紀災難。

為何「政治家」膽敢如此決策？為何御用「科學家」配合度高？就要問她（他）們心中是否有「宗教倫理道德」？！

如果有，不敢如此作為。反之，在「別人的孩子死不了」的思維下，她（他）們就大膽決策。放任兩家私人企業製作全球獨一無二，未作三期實驗的疫苗。而且，它將「合法」上市，施打在人民身上。

只是，部分不明究理、熱愛台灣的百姓，大聲疾呼、支持這兩支疫苗。願意挽起袖子伸出手臂，獻給高端、聯亞。百姓或許不知道諸多袞袞「政治家」，口中支持國產疫苗，身體早已打好、打滿了進口疫苗嗎？

說到這裡，我不禁感嘆：在民主台灣要求政治家少點私利，多點以蒼生為念，有那麼難嗎？科學家有點知識份子的骨氣，把人民身家性命放在心中，不能嗎？

宗教與科學並重：疫苗施打需要尊重耶穌、老子、佛祖、管仲的道德律（左起）

宗教對抗瘟疫？

台灣宗教與社會協會

關聖帝君是斬鬼之大神

宗教如何對抗瘟疫？是個大哉問！

當我們翻開人類的瘟疫史，中國每個朝代皆有數次、甚至數十次的「大疫」；再看看老外歷史，也是如此。因此，今日COVID-19在全球肆虐，是歷史的循環？說不定它早已存在地球上某一角落，只是從未爆開、被發現而已！

過去，沒有高倍顯微鏡的年代，我們祖先無法得知瘟疫是比「細菌」還微小的「病毒」所造成。比較聰明的中醫師－張仲景，把它當作自然界中之「邪氣」、「瘴癘之氣」或「寒氣」。用藥、食物提升自己的抗體，防止它滋長。

從道教或民間宗教的信徒，及基督教《舊約聖經》的想像、信仰。當百姓道德淪喪、男盜女娼，帝王失德失職時；天帝、上帝派遣「瘟神」到人間或降下瘟疫，懲罰蒼生。

因此，百姓又祈求具斬妖除魔、驅瘟的五瘟神，或是玄天上帝座前關、溫、趙、馬、殷等元帥，亦或是王爺、清水祖師、青山王、城隍爺來到人世間，為民除害、斬殺瘟鬼。

清領、日據時期，台灣地區流行的瘟疫，北台灣的祖先常請青山王、

城隍、清水祖師等神明，繞境、暗訪、日巡驅瘟。南部的民眾，則迎王爺這瘟神上王船回天庭，帶走瘟毒。台南鹽水百姓，則請出關老爺，在神轎前後放蜂炮斬瘟鬼。

到了當代，醫學知識逐漸昌明，才慢慢分辨「霍亂」、「瘧疾」、「天花」、「鼠疫」等，是由不同的病毒傳染。現在，公衛學專家、醫學家又可以辨識出來「流感」、「H1N1」、「SARS」及「COVID-19」等不同類型的病毒。

認為帶病毒者，在人潮聚集處經由接觸、空氣中傳播，擴張、繁衍病毒。政客操作管理，堵病毒於國門之外；有破口後，輕微者，避免群聚；嚴重者，封城。釜底抽薪之計，端靠疫苗治療。

此時，宗教完全無用武之地！

因為，政府只用一紙命令，立馬封鎖、關閉各宗教的寺廟、神殿、教堂或聚會所，信徒乃不得前來祭拜神，向神禱告。國家的政治力及科學力的結合，立即壓縮了宗教力的神聖空間。

對此，眾神完全莫可奈何！

宗教領袖、神職人員也只能徒呼負負，而加以配合！

他們頂多只能經由線上，帶領徒眾禱告、祈福。或將神請到廟埕，供信徒膜拜！

亦有少數的道教、佛教領袖，以為用「斬殺瘟疫的符、咒」、「點亮辟瘟神燈」、「吃齋、唸佛」或「禪坐」，瘟疫就可自然消除。

對此，我以為「施符、唸咒」、

孫思邈：以食物養生　　張仲景：將瘟疫視為寒氣　　除瘟之神：溫王爺與青山王（左起）

「點燈」或能安信徒的心，却沒有任何療效。「吃齋、唸佛」對佛教徒有些心裡感覺，也可對非佛教徒宣教，但與除瘟無關。至於，「禪坐」則是非常棒的宗教自修、自省功夫，但也無法用之抗瘟。

反而，在《古蘭經》中指出：

「如果你們在瘟疫的地方不要把瘟疫傳出去。如果有瘟疫發生之地你們不要進入。」是非常理性、進步的見解。符合當代的「居家隔離」、「不入疫區」、「不從疫區出來」、「封城」等方式。

綜觀宗教與瘟疫的關係，宗教儀式、飲食、修行，只是信徒心靈的「安慰劑」，而非化解病毒、對症下藥的「良好處方」。只有少數宗教經典的隔離論述，諳合現代科學、病毒傳染學的理論。

《古蘭經》：隔離染瘟者（翻攝網路）

最後，我認為宗教家或宗教組織領袖，可以在「宗教慈善」上著力。

當大夥畏懼瘟疫時，動員信徒或具信仰的醫師、護理師發揮善念、愛心，募款援助物資到中下階層，到第一線瘟區救助染疫者。或許它就能間接、直接地弘揚自己的宗教。

將瘟疫隔離為伊斯蘭與基督教的相似主張

從宗教組織管理與社會互動談防疫

台灣宗教與社會協會

人間佛教：太虛大師、印順法師、證嚴法師（左起）

今天（5.31），用 Google meet 與學生上〈宗教組織管理〉課程，主題選定：「**在天災（疫情）期間，宗教組織如何與社會互動**」？

我以日昨佛光山為例：肯定它在這次疫情期間，及時反應百姓的需求。尤其當國家失能缺少疫苗之際，星雲法師及其徒眾，率先捐 50 萬劑嬌生正廠疫苗給台灣。不愧「佛光」普照之名！

當我今天下午 13：30 正在上課之際，本來還納悶台灣第一大宗教慈善組織－慈濟功德會為何沒作為時？

助理立馬遞給我紙條，說它已經捐贈新台幣 10 億功德款購買防疫物資。之後，它尚要協調各大疫苗原廠，添購救命疫苗。

這兩個宗教團體領袖皆奉民國初年，印順、太虛法師的中國「人間佛教」理念。他們主張「以佛教救國」、「在人間修行」、「不談怪力亂神」。其種子播在台灣淨土後，終於生根、發苗、成樹、成林，成為台灣的善心代表。

事實上，翻開宗教組織與瘟疫互動的歷史，基督新教路德宗、喀爾文

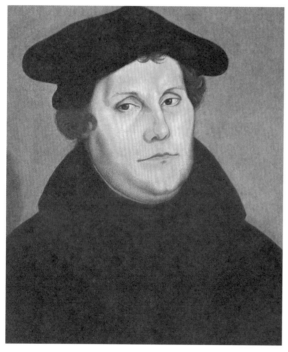

馬丁路德、喀爾文：鼓勵牧師用天職觀深入疫區救災（翻攝網路，左起）

宗在中古歐洲鼠疫橫行的淒慘歲月，不少牧師即以「捨我其誰」的行道觀，及與災民同苦、同在、悲天憫人的「天職觀」（Beruf、vocatio、calling），投入危險的疫區服務。

而這是當今政客欠缺的情操、作為！

我也希望台灣最大基督教派－「基督長老教會」跟進，召集信徒募資源投入救災。更期待其牧者發揮「神愛世人」的博愛理念，效法 16 世紀的前輩聖徒：布蘭契（Pierre Blanchet）、格涅斯東（Mathieu de Geneston）等人，深入疫區救人之行逕，延續神之聖脈。

當然，道教、一貫道、天帝教或民間宗教的媽祖聯誼會，亦或是鸞堂恩主公組織，還是玄天上帝、關聖帝君、保生大帝、呂祖、王爺、開漳聖王、瑤池金母等單一神譜信仰會，不落人後。都要振臂一呼，鳩合眾力，視民如子。

當國家以避瘟擴散之名管制宗教時，宗教界不能噤聲、毫無反應。或

者只是配合政府防疫，於佛寺、廟堂、教堂、清真寺門口，拉起封鎖線。相反的，主事者更要反其道而行，站在神的立場，為神代言，主動抓住契機，以具體行動照顧子民。

尤其當台灣官僚怠惰，導致國家機器致人於死。官員每天只會「冷靜的」播報數百人染疫，數十人死亡。宗教組織領袖及其幹部，應異於此；發揮敏銳的直覺、愛心，快速的回應蒼生呼救！

簡言之，宗教組織不在天災、瘟疫橫行時挺身而出，更待何時？

如果宗教組織能為其主神代言，回應百姓的需求、社會的困境，我估計必贏得教徒或非教徒的肯定。不僅如此，它從全球各地添購、搶購世界衛生組織核可的「救命疫苗」來台，既成就自己的功德，也茁壯了自己的組織。

因此，無論是要到 BNT、嬌生、AZ、莫德納或國藥疫苗，皆是無量功德。台灣百姓將永遠感激，並烙印在心中、網路雲端的史冊！

希望長老教會承續喀爾文教派天職觀救災

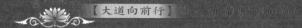
Part 1-2

宗教倫理生態・科學並重：線上座談

第一場 宗教家如何運用「宗教神學觀」因應當代瘟疫

1. 道教及基督教皆有「懺悔觀」來解讀瘟疫，您如何看待及其作為？

2. 基督教尚有「代罪羔羊觀」、「鞭笞派」，您如何看待？

3. 道教三官手書，您認為可以恢復嗎？它的「巫醫觀」，您又如何看待？

4. 民間宗教把瘟疫當作厲鬼或統治階級失德失能，您如何看待？

5. 基督宗教的「天職觀」與佛教、道教的「修行觀」在當前瘟疫流行時，有何作用？

6. 從哲學反思各宗教因應瘟疫的「神學觀」？

養浩然正氣提升免疫力

中華桃園明聖經推廣協會理事長 黃國彰

我針對「大道向前行－後疫情時代宗教的回應」這主題下的一項副標題，提出我的論述。我要講基督教天職觀、佛教、道教的修行觀，在疫情流行時能發揮什麼作用。

各宗教都以慈悲為懷、救人、度人為本。基督教神職人員，以助人得永生，上天堂為天職。佛教法師、道教道士也有類似的作為，即是度人離苦得樂，成仙成佛為天命。

台灣神職人員面臨災劫時，常可發揮大愛的功能。像幾十年來非洲伊波拉病毒，十幾年前震撼台灣百姓的 SARS、20 年前 921 大地震、十幾年前南亞大海嘯、數年前日本核災或台灣本土的八八風災等，及這一次的新冠狀病毒流行。我們發現了，各宗教領袖或神職人員發揮了人飢己飢、人溺己溺的精神。

疫情或大災難來臨時，無論是基督教、天主教、佛教、道教和民間宗教的神職人員，及其團體都發揮了救災、度人的功能。

用關帝正義精神面對疫災（翻攝網路）

身為神職人員碰到疫災，我們可以做的是誦經、祈福，結合各宮廟、各宗教團體誦經、懺悔。此外，尚可做物資捐助。對修行者來說，要思考的是身心靈的安定，也可經由宗教教育、學術論壇來引導信徒度過疫災。

除了科學外，要養文天祥、張巡之浩然正氣（張廷公）

我們信仰關帝者，則從經典、鸞訓來理解祂對救劫度人的指引。有篇鸞訓指出：「**大劫凜凜在眼前，五魔掃世甚凶嚴，各人提防早打點，莫到臨時後悔難。……，再勸大地男共女，修身保命莫當玩，趁得人心自由便，速進大道上慈船**」。

訓文中清楚說明，瘟神來到人世間，收盡惡人。主要原因在於，人心不古，道德淪喪。

我們修行者面對瘟疫來臨，除了自我修行外，還要行功佈德。各教派的宗教人士，除了佈達自己神佛的典範與精神外，也要為他們發出大愛。

我以關帝信仰來看，在惡劣的疫情環境中，依舊強調忠孝節義，效法文天祥在監獄中依然寫下浩然正氣凜然的〈正氣歌〉。在這裡要和大家相互勉勵，處在瘟疫惡劣的環境，除了在外以科學方法戴口罩保護自己外；在內我們要養浩然正氣，提升免疫力。

環保生態 · 精神療養以因應疫災

天德聖教台南市念字聖堂董事長 胡萬新

法天德聖教一炁宗主：修行避災（翻攝網路）

　　首先，天德聖教強調「宗教大同」，相信「正體化然」。講到「度」字，是指「度己、度人」兩個層次。先從度己開始，才進入度人階段。

　　所謂宗教大同，是指不排斥各宗教，尊重各宗教的門戶之見；當面臨社會議題、公眾困境時，各宗教放棄門戶之見，一起解決這些問題，往大道前進。

　　很多宗教在後疫情時代做出貢獻，但是都各做各的，沒有聯合各宗教一起來做。玄門真宗這一次為了祝賀關聖帝君聖誕，辦理線上論壇，邀請各宗教代表集思廣益，這種作為是未來宗教的正途。

　　其次，在宗教反省上面，我覺得祈願很重要。宗教人士在疫情的思考，要反省節約能源，愛護地球資

源，避免為了建高樓大廈、廟宇殿堂，做過度的開發與生態破壞。

第三，就是愛地球。根據專家的說法，在地球上每天約有 500 個物種面臨絕跡。我們宗教家應該發揮慈悲精神，共同努力維護物種生態。

第四，強調的是疫情期間的精神療養。去年，我們政府防疫工作良好，今年疫情反撲。在我看來，沒有後疫情時代，瘟疫病毒永遠存在，主要的問題是如何跟它和平共存。

現在國家防疫以西醫治療及打疫苗為主，但這屬於「治標不治本」的工作。我覺得應該標、本兼顧，而這是宗教家的使命。天德聖教的精神療養即是「天人氣功」，又叫「三指神功」。它是能量療法，而非巫術。

當年天德聖教蕭昌明宗師提出精神療法後，在世弘教四十年。常教導門人「與其給你一條魚，不如教導你釣魚。」這種修行方法，類似六祖慧能接受五祖衣缽後所言，迷時師度，悟了自度。

他在民國 15 年就提出精神療法學說，認為人的病，是在內，而非外在的肉體。只要身體培養浩然正氣，就可驅病。

在這裡感謝玄門真宗鼓吹各宮、廟、堂點燃浩然正氣燈，我相信這盞燈具有無形護佑的能量。用浩然正氣，一正壓百邪，像文天祥寫〈浩然正氣歌〉一般，他表現的是一種人世間正氣的典範精神。

因此，我們在精神療養對抗瘟疫時，可用浩然正氣將身體內部的濁氣逐出，也就可以化解瘟疫了。講到這裡，歡迎大家來到天德聖教道場，嘗試精神療養方法。

最後，精神療養要與廿字真言連結。它是指「忠恕廉明德、正義信忍恭、博孝仁慈覺、節儉真禮和」，這二十個道德律。當天德聖教信徒奉行廿字真言，如同與天地正氣連結大聲朗誦時，就可將體內濁氣掃除，打通血脈，瘟疫疾病不敢入侵。

天德聖教廿字真言（翻攝網路）

宗教職責－救世‧救贖‧救劫‧化瘟

中華玉線玄門真宗教尊 陳桂興

瘟疫期間，宗教家要勇於承擔

宗教神學觀這個主題過於深奧，不容易為大家所理解。經由與教授多次討論後，決定還是延用這個主題，一來教授可以發揮專業，二來也可以讓線上的朋友們有所省思。身為宗教的一份子，如何運用神學觀來對抗瘟疫此一難題。我個人也有以下見解來分享大家。

面對「宗教家如何運用神學觀對抗瘟疫」這個主題，是身為宗教界或是宗教實務界的人士，應該要深刻思考的問題。思考自己的宗教信仰到底有哪些神學觀？這些神學觀又如何落實與實踐？身為神的代言人，面臨人世間發生重大災難時，可以用什麼樣的宗教神學觀來教育自己的信徒？是要承擔起救世、救贖、救劫的職責，勇敢的面對眾生；還是要選擇像眾生般驚恐不安，內心產生怨尤或是加以逃避呢？

如果我們自認為是修行者、是神的代言人，就應該要勇於承擔屬於自己的職責。面臨疫情困境，我僅提出

入玄門山修聖凡與圓融

門徒和信徒的支持下，不但宣教工作從未停歇，更積極的做了各項的努力。教門以聖凡雙修的生命圓融觀來導教信徒，勸勉緣眾面臨困境必須積極面對、正向看待。告訴他們「要做一個篤定的自己，除了認真、踏實、努力以外，尚應在內心中建立信仰、願景，及虔誠的祈願」。如此才能實踐聖凡雙修圓融無礙的生命觀。

面對疫情困境，教門還教導信徒了解天地之間、法界一切，本來就有著一定的因緣果報。我們一向反對原罪論，相信只要透過內心中虔敬的信仰力量，生命就能圓融圓滿。

其次，鼓勵門徒在聖凡雙修的學修過程中，除了不斷歷練自己的人生外，還應該建立目標、願景。目標分成短、中、長期三階段，經由積極努力來築夢踏實。

再者，引領信徒學修祈願。也就是教導門生，在人生旅程中能有宗教的支撐及鼓勵，透過祈願的正能量來化解煩憂，讓驚恐不安的生命得到安住，進而迎接彩亮的生命旅程。

四個面向，供大家一起來思考。

第一，面對困境如何經營的思考。第二，宗教教義的信仰內涵。第三，如何救度門徒與信眾，能夠給他們什麼幫助？第四，疫情期間的宗教教育與宣教方法。針對這四個問題，我想用比較淺顯的方式表達，也鼓勵大家一起來腦力激盪。

當疫情期間許多宮、廟、堂都因無法群聚辦理各項科儀而關門休息時，玄門真宗在恩主公的聖杯應允、

接著，期勉信徒力行關聖帝君五常德教育。在聖凡雙修的過程中，從嚴要求門徒要照顧好身體健康，主動關心親朋戚友，用心經營家庭，致力於利益眾生事業經營，並應常保法喜之心。更不斷教導透過靜息、持咒涵養浩然正氣，強健身心靈，來防範病毒入侵。

最後，引導信徒課誦實踐關聖帝君的經典訓示。以儒釋道三教的道德律、修行法門，自度而後度人。在玄門真宗信徒的誓約中，要求信徒修之、行之，度世救贖是基本職責，修行不能自掃門前雪，不能只求自己好自己平安；修行是要從度世救人中，幫助他人進而成就自己。

對於神學觀，時間關係我僅做了簡短報告，還有懺悔觀、待罪羔羊觀、鞭笞派…等。相信這許多的觀點，有些人可能都未曾仔細加以思考，藉由這個主題，可以讓我們深度理解自己宗教和其它宗教的神學觀點有何異同？差別在哪？那些神學觀點是自己教門需要的？希望這次線上論壇，我的淺顯說明，能夠帶給大家助益。

點亮心燈，勤修五常德，自度度人

反思基督教的天職觀與對話觀

真理大學觀光系助理教授/校牧室主任 王榮昌

真理大學大禮拜堂（翻攝網路）

基督教在大自然的生態，也經過長期的自我反思，就是基督教生態倫理學中得延續它。在歐洲從文藝復興、工業革命，發展出人類極致的智慧，所建立的過度使用大自然物質之問題。

基督教神學的反思是重新回到上帝創造人，人是受託的管家。就剛才講天職的概念，只要盡忠職守，把地球資產好好使用管理，而不是佔為己有，或是過度的揮霍。

從 20 世紀之後進入 21 世紀這段時間，基督宗教從東方的道教醫學學到了自然觀，上帝通過耶穌來到人世間道成肉身這個道的概念。一再顯示出上帝造人要成為神的樣式，上帝要跟人一起在生活，如果用道家的話，就是天人合一。用基督教的語言，人回到跟上帝的原本創造的樂園。

基督教神學要建立起來：是指基督徒在每一天的日常重要課題，也就是要以生命的目標吻合。當基督宗教講的悔改概念，是在回改之前要先認罪。基督教罪的概念從中東從到歐

洲、傳到全世界，它是核心價值。簡單的說就是要認罪才能回改，才符合上帝的這旨意。

當基督宗教與中華文化接觸，這個罪的概念就產生了誤解。因為華人說我沒有做錯事，為什麼要認罪？然而基督徒你要上帝認罪、回改，才能轉向到正確的道路及正確的人生。

當你回到正確的人生道路時，就不會有困境，這與東方天人合一思想很接近。基督徒的信仰每一天的操練，強調在困境或順境都要喜樂平安。我們基督徒不能離棄這樣的基礎，而且要把它擴展出來，包括說人類要管理大自然，自然就不會出現現在的困境。

我認為基督教還有一個當代的問題，就是因為信徒常說基督教最好，變成排他性很強的宗教。我認為到21世紀宗教對話，要平等看待其他宗教，調整以基督教為最好的中心主義，去看其他宗教的好。當代基督宗教神學的宗教對話當中，要去欣賞其他宗教的好，讓基督教與其他宗教都朝向好的境界，就容易對話、宗教合作。

在疫情期間，基督宗教在亞洲其實是少數宗教，我們也願意與其它宗教攜手合作，面對這個課題，我願意用謙卑的心與大家對話學習，一起看待疫情在台灣及全球的困境。

真理大學白宮會館及校徽（翻攝網路）

再談宗教生態倫理學

政治大學宗教所教授 謝世維

儒、釋、道三教皆有生態倫理學

簡單回應中華天德聖教胡萬興理事長提的「宗教生態倫理學」問題如下：

我以為宗教倫理就是以倫理學為基礎，裡頭有罪與贖罪的概念，如果把它擴張到「生態倫理」，那就可以討論到人跟生態間的倫理連結。

就是我犯了什麼罪，要用什麼方式來贖罪，什麼方式來彌補。把宗教的關係放進來討論，就變成人與神、人與大自然、人與萬物、人與宇宙的關連。剛剛劉久清教授提到，人與神聖界連結時，就要了解人類跟萬物之間的平衡。思考人與神聖界的連結，此時宗教就非常重要。

各宗教都講慈悲，而這慈悲可及於萬物，形同宗教人士和萬物連結在一起的感受。當我們與萬物感受連結在一起，它是一個平等的強烈感受，此時，人和神之間就產生了連結。人的內在自性就是神性，每個人都具備神性，在此論點下，道教、基督教、伊斯蘭教、佛教、民間宗教都有非常多的智慧，可以讓我們建立「宗教生態倫理學」。

我覺得在當下疫情時期，各宗教的智慧可以幫助我們信徒或一般人療癒或療傷。也可以提供宗教人士修行，回到正常的生活。甚至跟瘟疫產生的病毒和平共存相處。我覺得這個觀念，可以當作宗教界操後疫情時代貢獻給社會的主要價值之一。

再論宗教對話與宗教理解

銘傳大學通識中心副教授 劉久清

人類的溝通，不是把話說出來就可以了。上個世紀90年代德國哲學家哈伯瑪斯提出「溝通理性」。此概念是在講，人類進行溝通時，要遵守一些規則。任何人進行溝通的先決條件，就是「尊重」。

「對話」不只是容忍，所謂容忍就是「我雖然百分之百不同意你的意見，可是我誓死維護你說話的權利」。然而，對話不只是這樣，更重要的是要把對方話聽進去。要如何聽進去，牽涉到翻譯的問題，就是所謂的外推的概念。

與耶教對話和理解

王榮昌教授將西方的神學觀翻譯成中文的「罪」，在我看來不是很妥當的翻譯。西方基督宗教的「罪」與中文的「罪」，字相同，意卻不一樣。中國人以為，我沒犯罪，為什麼要跟神懺悔？因此，提到罪的概念時，應該要轉向中國人可理解的詞彙。

另外，我們再談「劫」。它本來是印度來的概念，中國祖先花了1000多年近2000年的時間把它消化，成為中國式的概念。所以，我們不只是要對話，還要透過對話去消化吸收對方的概念。透過對話的外推，讓彼此成長。就宗教來說，相互豐富，成就成長，世界就可變得更美好。

佛教思想以融入中華文化

實踐儒道思想來修行化瘟

中華儒道研究協會理事長 王祖淼

我在台中逢甲大學通識中心開設一門「儒道思想情緒管理」。就是用中華文化的儒道思想來討論情緒的掌控。儒家思想以孔老夫子為主軸，主張不怨天不尤人，反求諸己。子貢曾問孔夫子，有那一句話可以當作終身奉行的道理，孔子回答：「恕」。用白話文說，己所不欲，勿施於人，要用同理心看待他人。

上天有好生之德於每個人身上，這個德就是「利他」。以道家的《道德經》來看：「道生之，德蓄之」。在人內在視為德，超越了就是道。

法孔子有教無類，立己立人

有次陳桂興教尊上山，來到護國九天宮，這是有緣結為同道。宮裡每個禮拜三、禮拜日都扶鸞闡教。有次文衡聖帝就講了，什麼是宗教？祂定義以天為宗，以聖賢經典作教化。我覺得講得非常貼切。今天聽了各門派代表的言論，我以為道家思想非常實用。當我們用自己標準來判斷，符合者才叫是，不符合者叫非，此時很難對話，唯有放下自己的主觀，才能包容對方。

我們每個人面相不一，才氣不同，那是每個人的命。但是，我們有天生的德行。孔子的偉大就是教導門徒「有教無類」，根據不同門徒的性與命，因材施教。

法老子道生之，德蓄之

中華文化的偉大，在於有容乃大。在疫情期間，如何修行，在我看來從家裡面的孝順父母開始，外出尊重別人。果能如此，人間就是天堂。人生有兩條路，往上效法天道，立己之後立他；往下走，只有立己而不己他，此時，就天下大亂。

表 1 比較宗教對瘟疫在神學的解釋表

宗教＼神學觀	基督教	道教	佛教	民間宗教	玄門真宗（鸞堂）
天職觀	承擔天職入災區	-	-	-	-
懺悔觀	鞭笞身體懺悔	向天地水神懺悔	-	-	-
神恩觀	神的恩典避瘟	-	-	-	-
待罪羔羊觀	視猶太人為瘟疫	-	-	-	-
驅瘟觀	-	用儀式法術驅疫鬼	誦經請神驅瘟	誦經請神驅瘟	誦經請神驅瘟
和瘟觀	-	與瘟疫和平共存	-		
祝由觀	-	用符咒解瘟	打坐、念咒避瘟	用符咒驅瘟	用符咒驅瘟
懲奸觀	-	天降瘟懲罰人類	-	-	-
讖緯觀	-	天降瘟示警統治者	-	-	-
疫鬼觀	-	視瘟疫為鬼	-	視瘟疫為鬼	視瘟疫為鬼
行善觀	-	積德行善	人間佛教慈善救災	-	積德行善

Part 2
宗教家運用
眾神之功能
處理瘟疫

向神祈求‧懺悔‧和瘟‧化瘟‧送走瘟疫

Part 2-1 謙卑祈求神祇和瘟：名家點評

有那些驅瘟、和瘟之神？

真理大學宗教學系教授 張家麟

基督徒奉上帝之名承擔天職（翻攝網路）

瘟疫自古以來，中外皆有；COVID-19 於今肆虐生靈。

在科學未昌明的時代，不知其源為病菌或是比細菌還小的病毒。漢人只知命名為「瘟」，又叫「疫」；兩者是同義複詞。泛指廣泛的流行病，帶來人類大量的死亡！

面對此景，16 世紀西方耶教喀爾文、路德兩教派的神職人員，重新詮譯《聖經》，奉上帝之名，承擔「天職」。瘟疫來臨時，民眾唯恐避之而不及；他們卻服膺上帝旨意，身體力行深入災區，照顧染疫者。他們以「全能的上帝」及其「經典」精神的實踐，對抗瘟疫，安心信徒或災民。

東方道教徒，則請下三官大帝，以「三官手書」之儀，向代表大自然的天、地、水神「懺悔謝罪」。象徵著人願與自然界萬物共生，其中，也反省著人對自然界的破壞、自大、自我中心作為，徹底檢討人類自以為是的「人類中心主義」。

除了三官之外，隋唐之後，道教徒請下五福大帝除瘟。即掌管春瘟張元伯、夏瘟劉元達、秋瘟趙公明、冬瘟鍾仕貴，總管中瘟史文業。祂們代表玉皇上帝從天上到陽間「代天巡狩」，「陰騭」百姓善惡之行，再決定是否為民化瘟去疫。

不過道教這兩類具和瘟、去瘟功能之神，在廣大台灣的的民間宗教徒，信仰並未流行。

他們反而喜歡五福大帝座前的「什家將」或「八家將」；也熱衷從其演化出來的「官將首」。祂們皆是護衛、驅瘟毒鬼祟之神。現在成為迎神賽會，暗訪日巡繞境的搶眼陣頭。

「什家將」由范、謝、甘、柳四將掌理刑罰與捉拿；春、夏、秋、冬四神負責拷問；再加上刑具爺及傳令的文、武差及文、武判官。其組合可以 8-13 人。只保留范、謝、甘、柳及春、夏、秋、冬四神，就成為了「八家將」。

另外，一名損將軍，二名增將

道教五瘟神之一：秋瘟趙公明

官將首 - 損將軍為文武大眾爺座前之驅瘟神將

甘、柳、范、謝為五瘟神座前的驅瘟神將

斬疫鬼之神：文大眾爺、武大眾爺、池府王爺（左起）

軍，作為文武大眾爺暗訪、日巡時，驅除鬼祟的座前護法，命名為「官將首」。從新莊文武大眾爺發跡，逐漸地擴張到全省部分宮廟堂的陣頭。

這些皆為驅瘟之神將，都以面目猙獰貌現人。祂們用神之威力、鎮赫，「鬼祟」化身之瘟。在過去，我們根本不知瘟之根源為「細菌」或「病毒」。

民間宗教的多元性格，隨移民帶來的信仰王爺，皆知溫、池兩王爺，或五府王爺、五年王的 12 名王爺，也有驅瘟之功能。祂們是本地中南部地區信眾，最主要的信仰。

全省 132 個姓氏王爺中，並非皆個個皆為「驅瘟之神」。其中，以擁有「送王船」儀式廟宇的溫府、池府、李府王爺為著名。祂們往往具有「代天巡狩」人世間，抓瘟鬼上船、離境，帶瘟毒隨王船離開之功能。

此外，清朝、日據時期，台北府城及淡水住民，分別請青山王、霞海城隍及清水祖師下壇，暗訪驅鼠疫、趕鬼祟。前兩尊神座前的范、謝將軍來自八家將；亦具押鬼煞之功能。清水祖師座前為中壇元帥，祂是為安營、驅邪、結界、淨化之神。

再來看鸞堂此一教派。它以關聖

城隍爺、三太子、玄天上帝（左起）

帝君為主神，自奉為儒宗神教，或以三恩主、五恩主公的信仰之信徒者；尤其不可忘記關帝、孚佑帝君呂仙祖、豁落靈官王天君、岳武穆王等四神祇，皆具斬妖除疫之神格。

其鸞生、門下生以課誦《列聖寶經》中的〈桃園明聖經〉、〈呂祖大洞真經〉、〈靈官靈寶真經〉及〈岳王敦倫經〉，來護體養生。體悟恩主公的經懺，養浩然正氣，退辟邪氣，斬除妖魔之瘟毒，進而佑國護民健康。

當然，跨道教、民間宗教信徒，更需要認識北極玄天上帝－真武大帝、佑聖這尊大神。在《道法會元》中，說祂具辟瘟鬼、斬妖毒之能。其座前護法如：「**溫、康（岳、殷）、馬、趙、關**」等元帥，也皆有去瘟鬼之神格。

虔信、修行者，口中唸誦玄天上帝的聖號、經懺，手掐祂的「太乙指」、「劍指」。或由高功道長設壇，延請其座前元帥降下，應可護衛信者、蒼生、黎民。

至於佛教徒，要請那些佛菩薩辟瘟化疫呢？咸信呼請「**救苦救難觀世音菩薩**」，是最重要庇祐百姓的神佛。

在持經咒部分，懇求觀世音菩薩救苦之時，簡單者持誦「嗡嘛呢叭咪吽」六字〈大明咒〉。藏密佛教綠度母與祂神格相似，達賴喇嘛就鼓勵疫情期間，信徒可誦「嗡・達列・都達列・都列・梭哈」的〈綠度母心咒〉，用之化疫、消災。

另外，比較繁複的經與咒，尚可用觀音菩薩的〈大悲咒〉、〈般若波羅蜜多心經〉、《普門品》，用它來離苦得樂，從病苦解脫出來，放下一切而無掛礙游向彼岸。

COVID-19瘟疫流行，各教信徒皆可呼請其合適的化瘟、驅瘟之神，下到人間庇祐。只是別忘了：信徒必須以虔誠的請神，持誦經懺、咒語，踐行經典並行！

而且，信神、求神化瘟之餘，別忘了戴上口罩，維持社交距離。讓宗教與科學共融、並存！

五恩主具避疫神格

唸〈觀音大悲咒〉可消災

唸〈綠度母菩薩心咒〉可化疫

佛教中的驅瘟之佛？

故宮博物院研究員 劉國威

佛陀為大佛王

以佛教信仰的一般理解內容而言，佛菩薩具足慈悲與智慧，對眾生的各類煩惱痛苦，悉俱足無緣大慈與同體大悲；從另一角度而言，對解決眾生的痛苦，佛菩薩亦具足度化眾生的各類方便（即方法），因此佛教傳統有言：「**佛有八萬四千法門，對治眾生八萬四千煩惱。**」有些是內在心理的煩惱，有些則是外在肉身所體會的痛苦。若論解決眾生外在所面臨的病痛，佛教也有許多論述，兼及解決此類痛苦的對應法門。

以我們較熟悉的漢傳佛教傳統而言，有兩位耳熟能詳的佛菩薩的成就功德就與消除病苦有關，第一位就是「藥師琉璃光如來」，即通稱的「藥師佛」，在玄奘所譯的《藥師琉璃光如來本願功德經》中，有言：「**復次。**

求藥師佛避疫

曼殊室利。彼藥師琉璃光如來得菩提時。由本願力。觀諸有情。遇眾病苦。瘦攣。乾消。黃熱等病。或被魘魅蠱毒所中。或復短命。或時橫死。欲令是等病苦消除。所求願滿。」經文接下來即是流傳甚廣的「藥師佛咒」：「南無薄伽伐帝。鞞殺社。窶嚕薛琉璃。鉢喇婆。喝囉闍也。怛陀揭多耶。阿囉訶帝。三藐三勃陀耶。怛姪他。唵。鞞殺逝。鞞殺逝。鞞殺社。三沒揭帝。莎訶。」（namo bhagavate bhaiṣajya-guru vaiḍūrya prabha rājāya tathāgatāya arahate samyaksambuddhāya tadyathā: oṃ bhaiṣajye bhaiṣajye bhaiṣajya-

samudgate svāhā）對藥師佛的信仰或是藥師佛咒語的流傳或許並非人人熟知，但在佛教徒遇到病痛疫疾時，對此尊藥師佛的祈求確實十分常見。

　　第二位就是大眾更為熟悉的觀音菩薩（或是觀自在菩薩），描述觀音菩薩大慈大悲救苦救難功德的經典實甚多，一般最通行即源自《妙法蓮華經》中的〈普門品〉，其相關段落：「眾生被困厄，無量苦逼身，觀音妙智力，能救世間苦。具足神通力，廣修智方便，十方諸國土，無剎不現身，種種諸惡趣，地獄鬼畜生，生老病死苦，以漸悉令滅。」自古至今的

觀音菩薩可救瘟疫之苦

唸誦玄奘法師翻譯之《心經》可化瘟

日月廣圓度母、辟毒金剛句化瘟毒之神格（左起，劉國威提供）

漢傳佛教傳統中，不僅是病苦或是疫疾之苦，當人們遇到各類痛苦時，對觀音菩薩的祈求可說是最為普遍的信仰，即所謂觀音菩薩「聞聲救苦」，不論是持誦其名號，或是與其相關的咒語，如大悲咒、六字大明咒等，信徒認為皆有解苦離厄之德。

除針對佛菩薩所具特殊功德所衍生的信仰行持外，在部分佛教經典中也有闡明經典本身所具功德即可息災解厄，去病離苦。特別是般若經系列的經典，如《仁王護國般若波羅蜜多經》：「**疾疫厄難。即得除愈。杻械枷鎖。檢繫其身。皆得解脫。**」，其理論就是「**瘟瘴時氣。家傳戶有。以般若離苦相故。誦持能愈於即刻。**」

另一相關的明顯修持傳統即是佛教徒持誦《般若心經》，認為誦此「**能除一切苦，真實不虛。**」

在佛教的密教信仰中，有更多佛菩薩所化現的各類本尊，某些本尊所具功德是針對解除眾生瘟疫病苦這方面，為數實屬不少，在此暫舉兩例，如：《二十一度母禮讚文》中有一尊「日月廣圓度母」，其讚文曰：「**敬禮日月廣圓母，目觀猶勝普光照，誦二喝囉咄怛哩，善除惡毒瘟熱病。**」度母一般被視為觀音菩薩的化身，因此具此類度生功德自不意外。此外，在佛教課誦本中有所謂「奉請八大金剛」，其中一位是「辟毒金剛」，其功德是「**除一切眾生瘟毒病患**」。這比較類似護法，非屬菩薩類別。

宗教家如何運用眾神之功能處理瘟疫 ？

三芝智成堂沐恩正鸞 葉雲清

沐恩鸞下以扶鸞修行

我身在鸞堂，沐恩於恩主公鸞下長達 50 餘年；時時刻刻以五聖恩主、諸天神佛為師。也從經典中，理解祂對人類災劫的看法；更在課誦中，祈求恩主公及眾神的願力、神威，為蒼生化解這場百年來的瘟疫災劫。

恩師為行忠堂、智仁堂、面天壇的正鸞 張迺儒大宗師在世時，曾倡印《玉樞涵三妙經》，並鼓勵大家誦讀、實踐它，以因應各種災劫，為民除瘟化疫，為蒼生祈福。

我研讀、課誦後，深表認同。發現它是一本非常有深度、具靈驗的「消疫解瘟」經懺，值得在此推薦，分享給線上的宗教界前輩及好友。

張迺儒大宗師倡印《玉樞涵三妙經》

在經中言：「**紫微帝君告天樞玉衡上相諸葛先師曰：『天乙動，而兵革、水旱不免；太乙移，則饑饉、疫癘難無…上相俯思沉痛，疫癘瘟疒皇叢生，是天地正氣失和，覺人心道德已渺，撫心不安……懇奏三垣，聞天樞七玄斗君懇演是經，普度人間，消除劫坑』。**」

因此，我每奉道禮醮拜斗，必齋心潔行，謹遵 師命，恭身禮拜。

先行敬誦〈上卷－二十八宿星經〉：「**司蒼生禍福，人間災祥、富貴、貧賤、壽夭、存亡…水火、刀兵、疫癘、瘟疫…莫不皆歸造化生成，列宿統轄之中…列宿婆心，救世垂慈，凡人有知，均宜仰體天心，而養本靈性善**」。

再誦〈中卷－九曜真經〉：「**救劫解厄，植福延齡，凡有善信，懇禱咸靈**」。

終誦〈下卷－五斗真經〉；〈東斗星君護命真經〉稱：「**世人受誦，變災為祥，能度三塗、五苦、八難之厄，能解疫癘厄，災星散退吉星臨**」。此為道祖授玄奧，醮謝罪業，求壽獲福之方。

〈西斗星君護身真經〉：「**密誦真經，無不應驗，有聞靈音，萬災不干，真君能解疫癘厄**」。此為道祖親授醮禳災禍，闔門康寧之法。〈中斗星君保命真經〉：「**真君能解疫癘厄，供養尊禮，掃除不祥，能消除殃業，滌蕩妖氛**」。此為道祖授奧章，醮謝罪業，益算延年，勸民宜早種福田。

唸《五斗星君真經》解疫癘厄

〈南斗星君延壽真經〉：「虔誠禱祝，無不應驗，歲煞行沖…鬼祸驅除…疾病宮中有災厄，吉祥光佛解消除，庚辛年月日時有災厄，金德將軍解消除，丑年丑月丑日丑時有災厄，乙丑將軍解消除」。今年辛丑見辛年…丑年…每行敬請唸三遍誠則靈。此為道祖所授，求請醮獻，懺罪消災，請乞恩福，四季平安。

〈北斗星君賜福真經〉：「應驗咒曰：能解疫癘厄…有南陵使者三千人，北斗真君七千神將，本命真官，降駕眾真，悉來擁護，可以消災懺罪，請福延生，家有北斗經，疾病得安痊」。此為道祖授危厄救解之玄功，及轉真經齋醮，災殃皆消滅，獲安泰、致康榮。

若曉依儀受持，虔誠朝拜「五斗、九曜、二十八宿」，諸般厄難皆消除，錫福延齡荷大恩，善無不應。

另外，我理解生命之母的經典－《斗母元先天一炁九皇真經》，也具解瘟毒之效。

在其經文曰：「福及信善，有疾皆能解，無常不敢侵，神於醫治病，應似谷傳聲，又云神哉　九皇君，恩光徧九垠，無障無災體，不生不滅身」。

在〈斗母元君北元統章：卷中〉：提及「若有被天符行病，五瘟徒眾，行其毒病，七十二疫氣，此乃是吾七元簿籍功曹，若有清靜道侶，或信心男女，各各至誠，焚香面北，朝禮三三之拜…吾敕差天蓬帥使…收吾五

五聖恩主具化瘟之神格

課誦關聖帝君、灶君的經典皆可化解瘟疫

瘟天符簿書，速令家家，乾元亨利貞，門門利益」。

鸞門子弟，尤其不能忽略「五聖恩主經典」。

在關帝的《應驗桃園明聖經》：「人能抄錄送，諸疾不相侵…延生逐疫慈祥神，為　玉皇大帝派遣了二十四位星宿，第十一位慈祥神驅逐瘟疫，延壽保平安，悉心護佑，虔誠誦經的信眾，為他們化解各種劫難，此眾神君，法力無邊，具有難以想像的功德。」

在《孚佑帝君大洞真經》的〈袁天君敕穢正氣寶誥〉：「金闕內相，妙道天尊，伏魔聖帝，下凡驅瘟，日讀千百語，夜誦百千聲，驅邪並逐

祟。禎祥紫氣臨，水火並瘟毒，持此化成土。」

在《九天司命真君經》中說：「驅不正之鬼神，掃堂中之疫癘。」又云：「掃除疫癘消滅災非，五祀推尊，一家之主宰。」

在《豁落靈官靈應真經》言：「遣吾治瘟者，瘟司即便降…降雨開晴，驅邪治病，驅除瘟氣，殄滅火精。」

在《岳武穆王敦倫真經》提：「人凡業障，劫禍頻生，或瘟疒皇水火相侵，種種厄難，指髮難數。或有因釁，或無妄生災，若不乘吾威德，好惡安稱汝懷。」

以上這五聖恩主寶經，是儒宗神

教弟子必誦之經典。疫情期間內，日唸夜誦，當有上中下三界的都巡傳報上天，吉星照臨，福祿壽重增，天不負善人、門下、鸞生。

除此以外，在這次疫情期間，我尚且帶領智成堂文武聖廟與丹天善堂眾效勞生，一齊虔誠恭誦宜蘭新民堂《驅瘟寶籙》。此經乃「**濟世光耀大天尊，奉道傳寶籙，演籙減五瘟。到處佈功勳，消災保安寧，收瘟攝毒靈應大慈尊。**」

在疫情擴散，在家或在線上共修時，尚可選擇具「消災、解瘟」的《大道真人大道真經》、《清水祖師菩薩三期減苦真經》、《關聖帝君起生度人減罪寶懺》、《聖帝大解冤經》《文昌證真宣化救劫酬恩心懺》、《太上三元寶懺》、《玄靈玉皇寶經》等經懺誦讀。

凡每誦以上真經寶懺，須秉虔誠而齋戒，奉聖真仙佛，拜誦天尊、星君、諸佛菩薩聖號。一念純真，百拜投誠。伏願上格蒼穹，慈悲垂赦宥。仰遵教典，力致悔思。先由自己起，至家庭、團體、國家、全球；隨愿力氣場可擴張至無邊界。

冀望調合宇宙正能量，為亂世開太平，萬物與天地是共一體，息息相

三芝智成堂為修行之鸞堂

禮斗時，鸞生課誦《玉樞涵三妙經》祈福避災

關。當今天地之間，充滿著負能量，有形、無形污染使天地失調，影響波及萬物各物種生命。當萬物內心充滿恐懼、恐慌、憂慮、不安，也會醞釀出地震、海嘯、風災、水災、土石流、瘟疫、人禍。

唯從我們的正心、志心誦讀及實踐經懺，可產生對天地萬物環境的正能量，來調合現存之負能量。故建議可舉辦全球或全台祈禱大會，或如以上諸經寶懺建醮祈安大法會。應能安定天地各物種不安之心，統一自然規律，諸般厄難應會消除於無形。承荷上天大恩，人才能立足於天地之間，並回報天地萬物育民、養民之大愛。

當一群人有共同善念誦讀上述經典，並履行經典要義，足可產生集體快樂、喜悅、光明之氣氛。此時，民心與天心相應，天地與萬物得以調和。而當全世界各民族皆得合諧，共同發出善良共振感動，即可保天下太平。

故曰：「**人心可挽天心，天心則應人心，一念未發 天已先知，天地之相應若迅雷**」。我個人謹遵法教，深沐聖恩。在瘟疫期間，遵經持誦，永保自己、家人、信眾、百姓康寧。

最後，我呼籲線上的朋友，讓我們一起來課誦、踐履《玉樞涵三妙經》及五聖恩主相關經典。從中懺悔自己言行，從中祈求神再次降下恩典，讓此疫情平息，讓大眾回復正常生活！

Part 2-2　神祇護國祐民避瘟：線上座談

第二場　宗教家如何運用眾神之功能處理瘟疫

1. 道教神明具斬妖除魔、處理瘟疫的能力？您如何看待？

2. 漢人道教的瘟神系統？及其思想？

3. 漢人民間宗教的瘟王爺體系？及其當代意義？

4. 漢人民間宗教尚有那些辟瘟之神？

5. 佛教中的驅瘟之佛？

祈願關公佑民避災

中華關聖帝君弘道協會理事長 吳光雄

法關公忠孝節義精神，修身行善避疫災

今年是 2021 年，關聖帝君聖壽有 1682 歲，由於世界動亂，疫情擴散，百姓過得民不聊生。加上諸多國家領導人的腐敗，關帝才會降生，拯救天下黎民。

關帝在民國初年，已經封為玉皇大天尊玄靈高上帝，祂擁有大悲大願、大聖大慈，最主要就是庇佑天下百姓。

關帝擁有的忠孝廉潔，君臣有義，父慈子，孝兄友弟恭，夫婦有別，朋友有義的五倫思想與實踐，是千百年來中華兒女的生活表率。我們信仰祂，就是要效法祂的禮義廉恥孝悌忠信等忠義人倫精神。

我覺得是華人民間宗教最重要且最多的一類信仰。其中，教授所言關帝為伏魔大帝，祂具有斬除瘟疫的功能。他也論述，瘟疫的出現與社會的道德淪喪有關。從漢人的信仰來看，唯有靠修行、實踐道德，多做善行，身心就容易健康，免疫系統健全，容易避瘟。另外，道家與佛教對此提出各種修行法門，我覺得越簡單、越扼要，越能化解心魔者，就能讓人安定，消解瘟疫。

個人心裡不安，帶來家庭不安，家庭不安帶來社會不安，就會引起諸多禍害。今年的新冠狀病毒和往年的 SARS 不同。而新冠變種病毒越來越多，到目前為止，沒有很好的方法應對。宗教人士面對此狀況，可以做的是不斷修行，提升自己免疫力，來對抗外界的病毒。

祈求溫王爺帶走疫鬼

基隆代天宮常務監事 藍德俊

基隆中元祭放水燈送走疫鬼（高旗提供）

在漢人宗教瘟神信仰中，台灣地區以南鯤鯓代天府及東港東隆宮王船祭典較為出名。信徒到王爺廟祈求，就是希望免除疫災，換得平安。

在王爺祭典中，以燒王船象徵去除瘟疫，是由來已久的信仰作為。把瘟疫當作疫鬼，由瘟神帶上王船，送離開本境，信者以為，這是非常妥善的作為。

在瘟神王爺信仰中，比較著名的是溫府、池府、吳府等王爺，部分廟宇尚供奉單一姓氏或多姓氏王爺，祂已成為台灣重要的瘟神信仰系統。

我們基隆處理瘟疫的做法，要回溯到已有 166 年歷史的中元祭。在繁複的祭典中，於農曆七月舉行，有引斗燈求福，放水燈送走疫鬼之俗。由本市各姓紙宗親會組織斗燈的遊行，及放水燈的活動。祭祀老大公、好兄弟、妖魔鬼怪，讓它們不再干擾百姓的生活。

瘟疫期間，宗教界也要配合政府醫療體系，各宮、廟、寺、院要發揮安定信徒、社會的功能，讓我們國家國泰民安、風調雨順，度過疫災。

另外，聽了吳總會長的談話，我了解到現在處於後疫情時代，降到二級警戒，但是我們宗教界每位信徒還要保持修行，強化心靈的免疫力。用誦經、持咒、唱詩歌，來安定自己，對抗外來病毒。

疫情期間，發現了信眾、民眾憂鬱症者越來越多，聽了專家學者、教授所談，多誦觀音菩薩的《心經》，也可增加心靈的免疫力，這是我今天參與線上討論的收穫。

啟點浩然正氣燈，祈化解瘟疫，救贖眾生

中華玉線玄門真宗教尊 陳桂興

關聖帝君在封為玄靈高上帝之前，有一個封號叫三界伏魔大帝，伏魔兩個字包含降伏瘟疫魔神。在關聖帝君的經典中，除了彰顯祂伏魔的威勇精神與神格外，還有一個精神值得我們學習的，那就是敬拜效法祂的浩然正氣。當我們擁有浩然正氣的能量，就能避免瘟疫邪氣入侵。

因此，從去年一直到今年疫情期間，本教門多次發起點燃浩然正氣燈，邀請全國各宮、廟、堂近五百多家參與，用點燈來義結浩然正氣，就是為了能息災止疫。

三界伏魔大帝為瘟魔之神

今年希望在 6 月 24 日關聖帝君聖壽這一天，同樣能再次邀約全國宮、院、堂共襄盛舉，集義點燃浩然正氣燈，藉由關公的浩然正氣神威，讓疫情遠離，百姓生活早日歸於平靜。為了這項工作，教門也特別製作了宣導影片來分享大家。

身為宗教人士，對自己供奉的神，擁有什麼樣的功能，我們要非常的清楚，才能帶領信眾來崇拜。宗教人士還要深入理解神的理論、神的演變及神的精神，才能夠代天宣化，代替神來說故事給信眾聽，或帶領信徒來學習神的典範。今天線上的研討，就是要提供給線上的好友們，能就神的學問共同來思考。

另外，大家經常談論如何精進修行、如何行功了願？本教門在瘟疫期間，就不斷指導信徒，引領他們進入恩主公的心法，用此來除瘟救世，玄門真宗很樂意在往後的幾次研討中分享給大家。

謝謝各位。

醫瘟之神：孫真人、許真人、吳真人

天德聖教台南市念字聖堂董事長 胡萬新

醫瘟之神：孫真人、許真人、吳真人（左起）

講到瘟神，我有幾點看法。它是主宰疫病之神，可分三類，一為降瘟之神，二為除瘟之神，三為醫瘟之神。

其中，降瘟之神就是人類自己。當政府失德、失能，百姓失德，此時瘟疫容易出現。至於除瘟之神，也是我們自己。藉由信仰關聖帝君，效法祂的仁義禮智信五常德，用此精神與實踐來處理瘟疫。唯有人類慾望降低，保持地球生態平衡，自然界就不會出現病毒，反撲人類。我們要貫徹帝君的五常德，就形同化解了瘟疫出現的可能性。

最後，就是醫瘟之神，以保生大帝吳真人、藥王孫思邈、感天大帝許遜真人為主。他們三位分別出現在宋代、唐代與漢代，但是皆用人心醫術，整治百姓染瘟。

面對瘟疫的結束，信仰者應該回歸宗教核心價值中的倫理、善行。無論是儒釋道耶回，其經典皆有此要義。在我看來，修行者在家孝順父母，兄友弟恭；在外，謹言慎行，為人謙卑，實踐這些道德，就不容易染瘟。

今天感謝玄門真宗教尊，讓各宗教代表上線，彼此交換意見，相互學習。讓知道除了拜神之外，也可持六字大明咒，也用倫理道德淨化內心來除瘟避災。

恩主公是佛嗎？

台灣宗教與社會協會

三恩主：灶神、關聖、呂祖（左起），關聖又稱蓋天古佛；呂祖稱文尼尊佛

大潭保安宮省修社天恩堂　蘇榮利總幹事提問：

　　線上教授說各宗教的瘟神或除瘟之神佛，我在這裡有一個問題想請教大家，恩主公是佛嗎？

真理大學宗教系　張家麟教授回應：

　　針對總幹事所提的問題，恩主公在儒教相關經典，也是一尊大佛，在五恩主經典中，關聖、呂祖、豁落靈官、岳武穆王等四個神都具有除瘟、化瘟的神格。由於五恩主信仰是以儒為宗，釋、道為輔。因此，在《列聖寶經》中，五恩主的神格跨了儒、釋、道三教。

岳武穆王

　　其中，關聖帝君又名昭明翊漢大天尊、蓋天古佛，孚佑帝君又名興行妙道添尊普度光圓自在文尼真佛；這兩位恩主在經典中既封天尊，也封佛。

　　至於九天司命真君灶王爺，稱為東廚賜福大天尊；先天豁落王靈官則尊為福生無量大天尊、太乙雷聲應化天尊；岳恩主尊為御前元帥精忠岳武穆王，又稱為無量普濟妙法大天尊。這三尊恩主公則只有天尊的封號。

王靈官

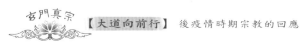

表 2 各宗教與瘟疫有關之神

神 \ 宗教		基督教	道教	佛教	民間宗教	玄門真宗（鸞堂）
多神	斬鬼	-	五福神	-	瘟王爺系統	五聖恩主
	送瘟	-	-	觀音菩薩 大佛王	清水祖師 青山王 城隍爺 瘟王爺系統	
	趕瘟	-	玄天上帝 十家將	綠度母 辟毒金剛	官將首 八家將 范謝將軍	五聖恩主
	和瘟	-	三官大帝	-	-	-
	淨化	-	-	-	五營將軍	-
單一神		全能上帝				

進入玄門山，洗滌身心靈

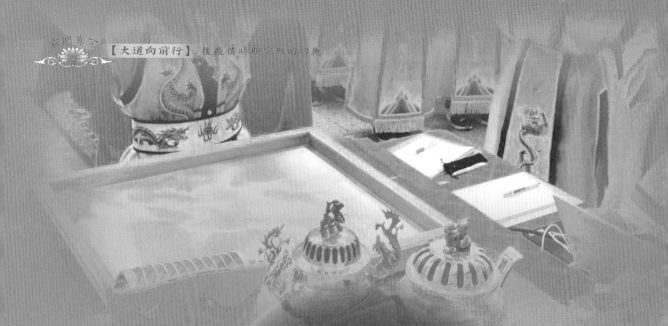

Part 3
宗教家運用
宗教儀式化
解瘟疫

冥陽俩利．
線上誦經祭解．
點浩然正氣燈．
行送王船之儀．
化解瘟疫

Part 3-1 以儀式安心度亡：名家點評

有那些化瘟、安靈、安民之儀式？

真理大學宗教學系教授 張家麟

清水祖師暗訪

在瘟疫橫行當下，台灣各宮院寺廟堂的執事者，勢必要思考有那些「化瘟」、「安民」及「安靈」之儀式？為我所用。

奉自己的主神之名，延請化瘟除疫之神臨壇，用其合適的「冥陽兩利」科儀，服務信眾、安定人心。

在我看來，應合理解讀、運用「宗教儀式功能論」。而且，深信：「有儀式，必有功能，宗教發展；反之，儀式功能不再，宗教定將萎縮」此命題的合理性及實用性。

選擇符合當代社會，與時俱進的化瘟、安民、安靈儀式，滿足信徒需求，撫慰其心理。也帶來自己的宮院寺廟堂財務、信仰發展。更具深化社會正向及善行力量，穩定人心之效。

當然，我們深知宗教儀式受到各項衝擊。有來自外部的科學、教育、政治等面向的影響。科學認為宗教儀式不具治理瘟疫之「療效」，甚至已可取代之。

政府防疫中心則擔心,群體儀式可能帶來群聚感染的危險。

在宗教內部衝擊,部分儀式專家未具專業化、精緻化能力,只能依樣畫葫蘆,也無弘法之功。

面對這兩類衝擊,各宮院寺廟堂的執事者定要慎選科儀。我在「安民」、「安靈」之科儀,各舉一例作說明:

在安慰生者的「化瘟儀式」,三教融合性質的民間宗教,執事者可以考慮恢復,具向天、地、水等神明懺悔性質的「三官手書」之儀。讓現代「環保主義」、尊敬大自然之情感,與禮敬神明、自我懺悔之宗教儀式結合。與時俱進,符合當代之需求。

再以安靈之儀式來看,我以為「拔薦橫死」之儀皆可行。

舉其要者,閩台之超度非常死亡的「牽狀法會」,非常合宜。此外,染 COVID-19 而死者,各道場在中元節時,舉辦跨佛、釋、道三教的「中元普度」,超度亡靈。佛教或民間佛教寺廟,可用「水陸法會」、「蒙山施食儀」、「點放水燈」安慰、供養亡故者。

另外,建議各級政府機關民政局處,在年度祭亡典禮中,應該為上千

涂爾幹、馬克思:由儀式必有其功能(翻攝網路)

大士爺、玄天上帝、阿彌陀佛、三官大帝為化瘟、安靈、安民儀式之主神(左起)

名染瘟亡者、打疫苗猝逝者立牌位，補辦「集體告別式」。彌補政府防疫之疏失，告慰、安息橫死者。

除此之外，各宗教神職人員尚可為信徒「點浩然正氣燈」、「持化瘟咒」、「收驚」、「勅符」，皆可安慰其身心。用「禮拜禱告」、「誦化瘟經懺」、「扶鸞降筆」，以神意靈療、安民。

在防疫措施至上的前提下，行民間宗教的「暗訪日巡」、「送瘟王、燒王船」之儀，或是作佛教的「孔雀明王化瘟法會」，皆是選項之一。

客觀言，當代「宗教」受到「科學、教育、政治」等力量，三方夾擊、影響。執事者、宗教領袖必須更為謹慎小心面對現代信徒。揣測現代人、信徒可以接受「合理、具環保、道德」之科儀，用於瘟疫橫死，就容易具化瘟、安民、安靈之效。

如果宗教儀式具各種功能，就可安民、安心、自省；產生慎終追遠、同體大悲、民德歸厚之效。此時，各宗教之宮院寺廟堂就能與時俱進，進而在當代社會生存、發展。

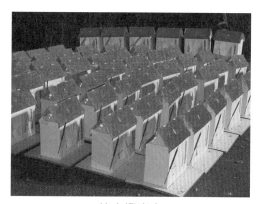

放水燈度亡

蒙山施食超度亡魂

瘟疫與鸞堂

逢甲大學歷史與文物研究所教授 王志宇

恩主公扶鸞降筆指示瘟疫期間不停止修行

　　現代所見鸞堂的發展，據香港游子安的研究，是緣自於清道光年間鴉片戰爭的發展，鴉片戰爭一役，震驚了中國，仕紳為了安撫人心，開啟了鸞堂宣講的模式，以安定社會。從此段歷史發展，可見鸞堂在社會面對重大的危機時，會有所回應。台灣的鸞堂發展在清代以來隨移民而移入發展，日治時期面對日人統治的新局面，尤其是允許台人吸食鴉片的情況，讓當時的鸞堂引入扶鸞戒除鴉片煙癮的方式，並快速的傳佈，成為日治時期鸞堂發展的重要階段。

　　當時鸞堂的扶鸞除了宣講教化活動之外，也有一般民間信仰常有的濟世活動，戒除鴉片煙是其中的一種。面對日治時期許多傳染病的傳佈，諸如鼠疫、瘧疾等，鸞堂也有所回應，如新竹芎林的明復堂在明治 35 年完成的鸞書《化民新新》就提到「**八德全忘，無怪乎黑氣騰空，青災存至，迴憶己亥（1899 年），鼠疫遍於城廂，熒星降於市鎮，是皆為惡不峻，召禍之胎。幸也諸生遇災而懼，疏請開堂。**」 [1] 鸞堂信仰中將這些傳染病帶來的災難視為上天對於人們不遵守傳統倫理道德的懲罰而降下的災劫，從鸞堂的扶鸞教化的角度看來，此種看法

1　復善堂，《化民新新》卷一，仁部，1902 年，頁 3。

《神來一筆》

獅頭山勸化堂降筆戒鴉片

有其邏輯性。從鸞堂的諸多鸞書內容探究，可看到鸞堂信徒有強烈的災劫觀，瘟疫的流行是災劫的一種表現，災劫來自道德淪喪，甚至我們也可以從鸞書內容看到地獄惡鬼的行述，說明其在陽世身行惡道，死後在地獄折磨的惡果，這種因果循環的報應思想，成為鸞堂勸善教化的基礎。然而鸞堂這種道德教化的勸善模式，對於其信徒而言，卻是相當有效的穩定社會人心的影響，且能與儒家正統相呼應，這也是鸞堂從日治時期大興到現在的台灣社會，仍有相當多鸞堂仍然持續活動的原因。

近年來台灣社會受到 COVID-19 新冠病毒肆虐的影響，社會人心浮動，尤其是在今年 5 月份之後，台灣的疫情趨於嚴重，更讓社會人心惶

三芝智成堂扶鸞著造《節義寶鑑》及戒菸文

惶，鸞堂值此疫情嚴重之際，除了呼應政府的寺廟封閉政策，不接受入廟朝拜外，相關的活動也陸續取消，如台中虛原堂便取消了 7 月 31 日的「恭祝玉皇大天尊玄靈高上帝萬壽暨證果之路繳書天庭」一天法會。豐原寶德大道院也停止了相關的活動，可以看到鸞堂順應政府法令的部分。自去年疫情發展以來，鸞堂仍舊著重其道德教化的宣揚，但對於疫情的詮釋又是如何？寶德大道院指出：「**如今瘟疫肆虐，亦是宿世以來，眾生貪圖口腹之慾，山珍海味，尤其是殘殺野生動物，累積殺業怨戾之衝擊所致。**」從日治時期瘟疫的劫難觀到現今鸞堂將此次新冠疫情視為是累積殺業所致的因果循環觀，鸞堂將瘟疫視為是一種劫難，是一種因果循環的概念，是其不變的邏輯，因此人必須更為精進修行，才能避此劫難。此種對於疫情回應的態度，其實對於疫情下政府的管控措施是互相呼應的，在三級管制下，部分人士沒有宗教信仰的規範，在浮動的心態下，無時無刻不想突破政府的管制，能夠到外遊樂，滿足其身心的需求，但在有宗教信仰的信眾中，或許正好趁此疫情在家好好念經靜坐修持，度過劫難。兩種完全不同的心境，截然劃分。鸞堂的行善修持概念，在新冠疫情的肆虐下，或許更能彰顯其穩定社會的價值。

瘟疫期間玄門真宗採用線上直播恩主公祝壽　　　　因果循環導致瘟疫劫難

可用打城科儀度冤死的染疫者

同島一命談防疫

台灣宗教與社會協會

學生日昨問我，未來台灣人民還會有多少人染疫亡故？

我回答，疫情已經擴散，依每天平均 10 名往生的速度。未來 3 個月內，在少有疫苗防護的情況下，至少 1000 人死於非命；再延半年，將有數千人含冤而死。

果其不然，到 6/6 染瘟毒「橫死者」，已達 260 名。到 8/18，累計有 821 名。百姓看在眼裏，心驚膽跳！

亡者，是你我的鄉親，不是他們想染疫、他們想死。而是，國家機器致他們於死地。他們是國家官僚失職、失能、疏失下的冤魂。

理論上，政務官應該對他們及家屬致歉，國家更應該擇日降半旗，對他們致哀。

但是，我從未見防疫中心指揮官為此置喙，說一句哀悼亡者、安慰家屬的

話！如果我們真的是「同島一命」，我們政府應撫卹其家屬，慰問其家人！

　　強烈建議，當國家應該作為、卻未作為之際，宗教應該要有行動。跨神譜、跨宗教組織及其領袖，除了為台灣人民「爭取疫苗」外，也可以在線上，辦理不群聚、卻殊勝的「超度法會」及「慶讚中元」。

　　無論是佛教的「梁皇法會」，或是「水陸法會」；亦或是釋教、道教的「打城」；民間宗教的「牽狀」；基督教的「追思禮拜」，天主教的「追念彌撒」；皆可拯救在冤死城裏可憐的亡魂，安慰家屬悲傷的心靈。

　　而這才是「視民如子」、「人溺己溺」、「同體大悲」的「同島一命」精神。

可用牽狀儀式、跑赦馬拔薦橫死的染疫者

用梁皇、水陸法會超度亡者（翻攝網路）

代天宮主委林本源教授主持祭拜慶讚中元法會

Part 3-2 配合政策作化瘟安民儀式：線上座談

第三場　宗教家如何用宗教儀式化解瘟疫

1. 清水祖師爺、青山王、城隍爺及文武大眾爺暗訪的起源？
   與驅瘟的關係？
2. 神明遶境與驅瘟的意義？
3. 送王船的意涵及化解瘟疫的功能？
4. 扶鸞、降筆與化解瘟疫的關係？
5. 祭解、補運、收驚與瘟疫的關係？

行「請王送瘟」之儀

瘟疫期間宗教營運與救贖眾生之方式探討

中華玉線玄門真宗教尊 陳桂興

2020 年玄門真宗承辦第七屆扶鸞展演

從去年新冠肺炎出現後，擾亂了整個社會，導致生民塗炭、百業蕭條。玄門真宗面對此一困境，持續思考著如何才能突圍濟世？疫災期間政府警戒管制，對台灣百姓造成了重大損失，也同樣讓各宗教的宮、廟、堂、寺院陷入無法經營管理的困境。試忖宮、廟、堂關起門來後，如何營運維繫下去？所以才邀請大家上線就這個問題來集思廣益。

「宗教營運」這個名詞聽起來有點企業經營的意涵在，然宗教存在，本來就是為了要服務信眾。當百姓受疫情災害所衝擊時，更需要有宗教來撫慰安定人心。然而，老百姓連到廟口來拜拜都受到限制，宗教執事者卻又無法及時伸手援手。此時，執事者就應該要思考如何面對因應。

去年，玄門山接受高雄意誠堂洪主委的交辦，承接了「第七屆全國扶鸞展演」。接受的當下，我就開始思考，決定要透過網路視訊連結，讓大家即便在家裡都能夠從中得到慰藉。今天就把去年扶鸞簡介的短片，播放給線上好朋友們觀賞，也請大家能夠不吝賜教。

看完去年扶鸞的前導短片，接下來的線上講座，就是要邀請大家腦力激盪，針對疫情來臨時，宗教救度與服務眾生方式的可行性評估，來進行探討。

面對疫災來得突然，個人感觸良深，但宗教界反應很少。除了目前慈濟出錢購買疫苗外，其它宗教很少有人提出建言，或對疫災有所作為。可能宗教界原本就比較保守，也相對

客氣，政令一出，只有默默接受配合封廟政策，不敢另作它想，導至沒有任何的行動，也錯失了救贖眾生的良機。

個人認為，現在應該是宗教界動起來的時候，我們可以設壇辦理為亡者超度、為染疫者祈福、為生者安心的法會或科儀。今天王教授、張教授相當用心，有以悲憫心來主持線上論壇，提出建議，學界都發出悲憫心了，我們宗教人更應該付諸行動，來向學界請益，此時此刻可以做些什麼？宮、院、堂可以根據自己的宗教傳統儀軌，在疫災期間，為眾生做哪些事情？面臨世代傳承的宮、院、堂，上一代長輩如何傳承給下一代，　諸如此類的問題，都可以向專家學者來請益討論，得到自己的支撐力量喔。

此外，我還希望大家能夠團結起來，除了配合政策關門、線上會議，進行精進成長外，也要將儀式，完整的儀軌加以傳承。宗教界一定要先對自己有信心，才能對眾生伸手救贖、救劫，承擔眾生的苦。我感覺在瘟疫期間，宗教界的聲音真的太微弱了，

2021 年 7 月疫情期間辦理線上化瘟講座

玄門真宗及各宗教單位一同呈疏為染瘟者祈福

邀請各位參與線上論壇，就是鼓勵各宗教的前輩，在疫情期間，能夠多些承擔參與、多多踴躍發言。

謝謝張教授、王教授、洪主委、黃主委及各位宗教的道長、執事，上線參與本次學術會議。我衷心期盼宗教人士，面臨疫災、疫情期間，都能勇敢的站出來，發揮最大的力量，來為眾生承擔、為蒼生救贖，為蒼生發聲，這也就是辦理此一活動的精神所在。明、後兩天還各有一場視訊會議，邀請大家都能踴躍發言，惠賜高見，不要太過沉默客氣喔。

因應疫情，廟宇進化

高雄意誠堂主委 洪榮豐

高雄意誠堂在疫情期間用線上作儀式服務信眾

　　每個年代都有瘟疫，處理的方式各有不同。最重要還是要靠生化科技製造出來的疫苗，還要靠宗教界如何教化、安撫人心。但是，宗教界也要配合政府政策，才有承擔這項工作。

　　幾年前的 SARS，台灣處理得還不錯，去年以來的新冠肺炎，到今年五月疫情擴散，宗教界要思考如何去因應。

　　就像平時可到餐廳吃飯，疫情來了，餐廳去不了，改叫外送，這就是因應疫情改變我們的生活習性。

　　宗教界如何突破疫情的困境，就像教尊與張教授所說，要運用 3C 產品，發揮它的效用。

　　意誠堂現在採用網路收驚、加持，來服務信眾。當然，這會影響到廟宇的收入。但是，如果我們沒有任何作為，就無法安慰信徒。

　　除了上線收驚、服務信眾外，我們也讓信眾在網路進入廟宇，有 720 度的景象。讓信眾進入大殿，就可看到關老爺，得到祂的慰藉。除此之外，我們透過法師在線上幫信眾擲筊、問事，來因應疫情的衝擊。

　　我覺得各宮、廟、堂要注重 3C 產品這一區塊來經營廟宇，就像以前，銀行開了，百姓借錢，都要找門

路，找關係；現在剛好顛倒，是銀行主動找你借錢。廟宇的執事者，在過去門打開，人就進來。現在剛好顛倒了，執事者要去思考，極積主動爭取信徒。其中 3C 產品的運用，就是永續經營廟宇的方法之一。大廟還可以處理這項問題，而一般私壇可能就無法因應而關門。

講到這裡，宗教的經營就是要與時俱進。時代潮流走到那裡，執事者要跟上舉一反三已經跟不上時代了，時代變化太快，我們要舉一反十，或是超前部署。玄門山已經跟上時代潮流，我們意誠堂也要學習效法，讓它永續經營。面臨疫情，我們意誠堂最主要先送瘟。農曆 6 月 24 日關老爺生日，祂會扶鸞降駕，然後做送瘟科儀。因此，我們請來張道陵派下張道禎天師來做此儀式，預計在農曆 11 月，由高雄市道教會召集轄下廟宇，共同辦理。為了和瘟，意誠堂先行送瘟，我們也會邀請香港呂祖觀前來台灣做法會。至於張教授建議，玄門山設立宮壇，辦理法會超度亡者，安頓生者，我個人非常贊同。

疫情期間，意誠堂法師祭解、鸞生祝壽

2021 關聖帝君聖壽意誠堂為信徒點燈祈福
（本頁翻攝高雄意誠堂臉書）

祈求瘟王帶走瘟疫

屏東南州代天府主委 黃瑞吉

2021 屏東代天府王船祭典祈求瘟疫平息

瘟疫對宗教衝擊很大，廟宇的執事者要共體時艱，祈求瘟疫趕快過去，讓各行各業恢復生活正常。

宗教界在此期間，也要做出奉獻。像溪州代天府三年一科迎王，與東港東隆宮、琉球三隆宮輪祀，今年輪到我們辦理，我也在思考，用什麼方式延續這個工作。

代天府從民國 60 年開始迎王，至今已經辦理 60 年 20 屆了，需要做繞境、送王、燒王船等工作，疫情來了，我們也要克服相關的問題。

去年春年，我們向朱府王爺擲筊請示，得到立杯。王爺透過乩身要求廟方辦理過橋改運的儀式，來化瘟解厄。在儀式後，我們煮麻油雞酒請信徒吃平安。

今年的送王、迎王、繞境，我們代天府也要配合政府政策，又要兼顧宗教傳統，在宗教傳統中，把瘟疫當作鬼魅，送王之前，要將鬼魅交給中軍府審判。好的鬼魅放走，壞的鬼魅炸油鍋，到目前為止，我們保留這種文化。

送王當晚，做一個 36 件刀劍項及祭解科儀，所有參與祭解的東西放到王船，由瘟王處理。

在屏東東港東隆宮或南州代天府，都有它的歷史、文化意義。希望今年政府如期開放我們迎王、送王科儀，

歡迎大家前來參加、指教。另外，我們廟宇堅持叫南州溪州代天府，是因為主神朱府王爺非常懷舊，堅持不改名，至今還稱為溪州代天府，歡迎大家到來這裡參拜，祈求朱府千歲為台灣百姓解除瘟疫。

民國 50 年東港東隆宮迎王，來我們廟宇請朱府千歲代天出巡。宮廟原來的名稱叫瑞清宮，到那個時候才改為代天府。

希望各宮、廟信徒，虔誠懇求諸天神聖，化解瘟疫，也祝關聖帝君聖誕千秋。也希望線上好友，有機會南下到南州，參與我們今年承辦的第八屆全國扶鸞大會，我非常有勇氣承擔這項工作，因為我們沒有鸞堂、鸞筆、鸞生，但我認為扶鸞是很好的漢人宗教文化，就持續辦理了。日後確定辦理時間，歡迎線上宮、廟、堂執事、信眾好友，前來參與。

2021 屏東代天府王船的裝飾

瘟疫天劫唯靠「天心」化解

中華儒道研究協會理事長 王祖淼

儒宗神教傳達:「道心惟微,人心惟危,惟精微一,允執厥中」之思想

今年的瘟疫是從去年庚子年天劫而來,然而,天劫是人禍造成的,希望大家理解。理論上,天生萬物,怎麼可能毀萬物呢?那是因為人悖天逆道,才會有瘟疫。

人類有兩個心,一個是老天給的心,叫做性,一個是我們自己累世因果,叫做命。在堯、舜、禹、湯的《十六字心傳》提及「**道心惟微,人心惟危,惟精微一,允執厥中**」。在我看來,瘟疫是來自人的嘴巴,就是

禍從口出,病從口入,導致全世界各國人民都要戴口罩。

我還有另類的思考,除了病毒瘟疫外,還有資訊瘟疫。當我們戴上口罩,除了防病毒,也在警告我們要謹言慎行。

人生道路只有兩條,一條是效法天道,一個是悖離天道。在《易傳》裡頭提:「**形而上者謂之道,形而下者謂之器**」。我們的身軀,就是被心所牽引,如果被「天心」、道家講的

子曰：其恕乎！

文衡聖帝鸞訓：因果解於功德

「道心」、儒家講的「天生德於予我」德行牽引，就往正向發展，希望大家理解，這是人與禽獸最大的不同。

今天陳桂興教尊在會前請我準備，我就用儒家與道家對每個人的德、性、心做闡釋。在我看來，孔子回應子貢的一句話，可以當作解答，就是「**其恕乎！己所不欲，勿施於人**」。所謂的「恕」就是同理心，無論在父母、兒女、老師、學生的位置，都要站在對方的立場，同理思考對方的問題，就容易化解人類的困境。

道家有了同理心後，天下還是很亂，原因在於每個人的主觀成見。我的主觀，跟你的主觀不同，才會導致兩代的矛盾，兩性的隔閡，兩岸的兵凶戰危，兩國的矛盾，甚至宗教間的矛盾。

道家認為，要化解這些矛盾，需要靠自己的「無知」，此無知不是沒知識，而是不要用自己的標準看別人的行為。

所以我們用儒家的思想，同理心看對方；道家的想法，不堅持自己的標準，如此一來，人類就可和諧。另外，我再補充一點，孔子提的所做所為，不怨天不尤人，隨時反省自己，見賢思齊，社會就可和諧一些。

累世業障造成瘟疫；積德行善才能化瘟

大潭保安宮省修社天恩堂總幹事 蘇榮利

我代表大潭保安宮省修社天恩堂發表。我覺得疫情會起來，是眾生的共業。現代人心沉倫，太多搶、偷、拐、騙才會造成疫災。我們沒有做好，就要反省自己，為何天會降災難給我們。要化解瘟疫，要靠自己來解除。人要守五戒，為善、行好事，不殺生。諸多殺生，業障很重。累積諸多的業障，內心就有瘟疫了。

瘟疫並非隨便來到人間，而是鬼疫來到人間，有冤報冤，有罪討罪。業障太多，就可能被鬼疫帶走了。

現在是三期末劫，處於青陽期、紅陽期之後的白陽期。累世的業障，造成全球染疫死亡幾千人。

人類只有透過積德行善，才可能化解。今天陳桂興教尊辦理線上視訊會議，就是很好的法佈施功德。功德最後會迴向到教尊及玄門山師兄姐身上，堪稱功德無量。

在三期末劫的年代，宗教人士要積極行善，不能停止，有錢出錢、有力出力。像今天的視訊，可以持續做下去，或多或少可以度化一些朋友。

唯有積德行善才能化瘟

以懺悔 · 誦經 · 點燈 · 迴向化瘟

無極御令合發宮宮主 陳俞嬛

我代表關聖帝君表言,在這場瘟疫中,聖帝的子弟,都要自行懺悔,再誦經迴向,才能夠度己度人。

聽了三天的論壇專家學者發言,我覺得,教尊一直鼓勵我們,宗教要成為社會安定的力量,我非常同意,此時此刻不能沉默。我也認同高雄意誠堂洪主委及教授、先生們的呼籲,配合 3C 產業科技,宗教人士要加以善用。運用網路連結信眾,在線上帶領大家發願發心的懺悔、誦經。我同意張教授昨天所提,經懺對信徒的重要性,誦經懺有功德,無論對往生者及其家屬都有安慰的力量。

我們還要做超拔往生者,安慰在世者的工作,運用自己的宗教法門,做相關的科儀。像玄門真宗這點燈浩然正氣燈,我們也可以配合及這些正氣的力量,利益眾生。各宮、院、堂應該放下自我,共同團結,發揮安定堂會的力量,不要只呼口號,而要有實際的行動。

疫情期間用正確心態面對困難(翻攝公民新聞網)

表 3 各宗教處理瘟疫之儀式

宗教\儀式功能	基督教	道教	佛教	釋教	民間宗教	玄門真宗（鸞堂）
超度橫死	禮拜 彌撒	普度 牽狀 打城	施食 水陸法會	普度 牽狀 打城	普度 牽狀 打城	普度
安定人心	禱告	收驚 拜斗	孔雀明王法會 持咒	-	收驚 拜斗 請溫王	收驚 拜斗 點浩然正氣燈
捉送瘟鬼	-	五瘟神捉鬼	-	-	燒王船 暗訪	-

瘟疫期間・閉關精進・清心鍊養・行善布施

Part 4
瘟疫流行時，
我們要如何修行

Part 4-1 疫期如平時持續修行：名家點評

瘟疫流行，信徒如何自己修行？

真理大學宗教學系教授 張家麟

關閉廟門，閉關修行

2021 年 5 月中旬，COVID-19 又急又快的衝擊台灣。政府下令關閉道場、寺廟堂大門。2 個半月後，才恢復微解封，但瘟疫仍未平息。

此瘟疫流行之際，宗教人士如何修行、養身、避瘟呢？在我看來，無論道場、宮廟堂大門關閉與否，修行卻一天不可停止。如能於疫期間修行一如往常，仰則無愧祖師爺，俯則對得起入道時的初衷。

持修時，一樣可以分為「修己」、「度人」兩類模式。藉此精進、清淨您我的身心靈。

瘟疫來臨，可以關起門來閉關修己，以養身、自省、打坐為要。宗教人士修「養身」之法。可用食物、運動、指壓穴道，打八鍛錦、靈氣拳等方式，療養、強健身體魄。疫情期間，可以在道場修煉；也可以在宅鍛鍊。只要擁有身康心寧的體魄，才可以言下一步精進的修行。

其次，在疫期可以修鍊「懺悔、自省」功夫。

民間宗教、教派或儒宗神教弟子，兼修儒、釋、道三者。修儒者得常自省，「**吾日三省吾身，為人謀，而不忠乎？與朋友交，而不信乎？傳，不習乎？**」只有每天恪遵忠、信、習，才算是一個讀書人。

修佛者則得思、踐：慈悲、智慧俱足沒？是否作到「無緣大慈，同體大悲」；「慈悲沒有敵人，智慧不起煩惱」的層次？

修道者則要向天、地、水三官大帝禮敬、懺悔，是否堅守「法地、法天、法自然」之原則？作到「養而弗恃，為而不有，功成不居」之境界？

第三，言修鍊「打坐」功夫。

修儒者，打坐時可進入寧靜致遠

之慮。思考「邦有道則顯」，經世濟民；「邦無道則隱」，大隱於市集之中。不在其位，不謀其政，冷眼旁觀看潮起潮落，樓起樓垮。

修佛者，日常「禪坐入定，生出智慧」，而在人世間有捨、有得、把握當下。雲淡風輕，輕輕自在。修道者，常坐定練功，調息養身，清靜、無為，瀟灑自若、大智若愚。

從此得知，三教坐功，各有所長，民間信仰、教派的修行者，閉關時的功課。

第四，閉關時，反思自己如何「持戒」？

修儒者，宣稱「君子慎獨」。人前、人後，用同一標準看待要求自己的言行舉止。而非前台、後台行為，

法孔子：吾日三省吾身

聖嚴閉關禪定

信徒打坐養生

經生改為線上誦經修行

兩種樣貌。修佛者，心裡宜戒「貪、嗔、癡」；言行更要戒「殺、盜、淫、妄、酒」。

修道者，將戒律擴張為「想爾九戒」。

分為三個持戒層次。第一層，認為自己的行為應該要「**無為、柔弱、守雌勿先動，為『上最三行』**」。第二層，行止得「**無名、清靜、諸善，為『中最三行』**」。最上層，身心靈行則要「**無欲、知止足、推讓，為『下最三行』**」。

最後，以「課誦經典」修行。

閉關期間，修行者在道場或自宅，可擇三教經典課誦，體悟神佛的話語。像鸞門效勞生誦《列聖寶經》、《大解冤經》，佛教徒讀《普門品》、《法華經》，道教徒唱吟《清靜經》、《道德經》、《玄門早晚課》等。

誦經修行，除了禮敬神、佛意義外，比較難的是自己體悟或踐行經典。以經為師，當作行止的準則。

在我看來，讀經不如誦經禮敬神佛；而誦經給神佛又比不上自己悟經、解經。自行悟經、解經者，又不如行經者。它的層次，一層比一層高。只讀經，未踐經，猶如「冊讀在背上」！

上述這些，皆屬「修己」層次，尚未進入「度化蒼生」之境界。

修儒弘揚孔孟大道者，宜「聖凡雙修」，再「由凡入聖」，最後達「內聖外王」之境。修佛弘揚佛陀之法者，宜踐行「為佛教、為眾生」之志行，布施植福田，而可成菩薩、成佛。

修道欲踐老子之道者，宜「道法

自然」，對人、事、物皆要行「慈、簡、讓」之三寶。效法范蠡、張良的智慧，輔佐越王、漢王打下江山後歸隱山林。建立太平盛世後，功成而弗居。

簡單來說，瘟疫來到，我們可以反而容易「閉關」在宅、在道場、在宮廟堂作個人修行。此時，宗教人士宜重新反思「修己」的「養身、自省、

打坐、持戒、誦經」之功夫。再逐步作「立人、利益眾生、度化蒼生」之志業。

或可兼修三教，也可擇自己喜歡的宗教來修，皆是美事一椿！

鸞堂持戒修行

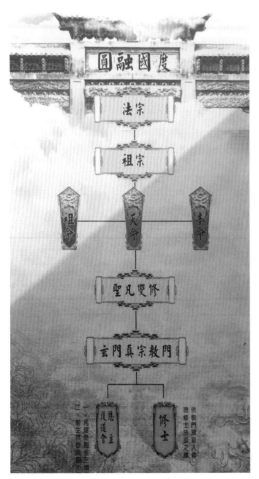
玄門真宗：聖凡雙修

老子修行最高境界：功成不居

動功修練「八段錦」

台灣宗教與社會協會

玄門真宗圓融大法

本來在 COVID-19 肆虐全球年餘；天佑 ROC 人民，使台灣成為海角一樂園！

可惜，「好花不常開、好景不常在」；病毒由境外移入、潛藏後，突然間這兩天快速於境內擴散、爆發。今日（5/15）中央防疫中心對此徒呼負負，只能將雙北提升至「第三級」防疫標準。

政府鼓勵百姓居家，外出必須強制戴口罩。昨天（5/14）台北市柯市長決意設 4 個快篩站，免費為民眾普篩，這是「遲來的正義」早就該有的作為。

而在進口卅萬劑 AZ 疫苗快打完之際；其餘信心度、效度較高進口疫苗卻仍未見蹤影。至於，國產疫苗也只聞 7 月底，才能與國人見面？於此緊張情境之際，您我小老百姓只能在外自立自強、在家自立自救。

傳統道教、民間宗教常有的看法是：當人類道德淪喪、逆天而行，老

天爺會派「五瘟神」降下瘟疫於人世間，嚴懲人類。到了現代，我們修行者不再作如是觀；坦然面對瘟疫，認定它是自然界的一部分。

但是，我們居家、上班時，或許可以淬取歷代道醫留下的文化資產，用相對科學的方法鍛鍊自己，提升免疫力對抗病毒入侵。

每天睡足 8 小時，早晚各打一套

「八段錦」簡易氣功，可以增強免疫力。這套功法早在漢朝以前，就流行於中土；它也是當代在湖南漢馬王堆出土的古物之一。它成為修道、修佛者共同的「健身操」。

只要上網搜尋，就可以尋找到各式各樣的「八段錦」。我個人強力推薦「少林八段錦」，因為它動作既柔軟、又優美。

1 扭腰甩手

2 頸部運動

3 腰部運動

4 擎天觸地

5 甩手屈膝

6 轉腰畫圈

7 膝部運動

8 左右伸展

法鼓山八式動禪

另外，我以為打拳時應先放鬆全身；左右轉動身體帶動雙手，順勢拍打腰際、左右肩上各20下，再正式逐一作8項動作。運作比劃每項動作時，宜掌握「大、慢、鬆、軟」四項原則。每個動作前面4動採「納」，後面4動採「吐」，行緩慢的「龜息吐納之術」。

當我們一心一意、心無旁騖，專心放鬆舒展自己的身、心、靈，打一趟拳，約莫耗掉20-30分鐘；此時，應當會微微出汗。最後，我們再行甩手、蹲下功，前後各甩20-30下，作為收身操。

各位好友，在家看電視關心時局之外，何不打打老祖宗留下來「八段錦」，何樂不為？

華陀先師五禽戲

陳希夷廿四式坐功圖

禪修可以化瘟嗎？可以共修嗎？其意義為何？

故宮博物院研究員 劉國威

農禪寺環境中有禪意

首先說明此處討論的宗教內涵主要仍以中華傳統文化主體的儒釋道三家為主，較不涉及西方文化的宗教信仰範疇。

在信仰上認為以禪修、誦經、吃素等行持，試圖對治瘟疫疾病，其基本上的認知就是以個別從事的善行來抵擋所面對的惡劣逆境，這是適當且合理的宗教行為，以下簡單論述此類「善行」與「修行」間的異同。

「修行」一詞在漢文佛教經典中很早出現，就字面意涵來說，指的是「修持的行為」，自古至今，對此語詞大概都是如此認知，未做嚴格定義。然而，如果就印度佛教的原本概念來說，「修」與「行」是指兩類動作：「修」指「宗教性的修持行為」，現今習用的「禪修」一詞與此大致可稱同義；「行」則指「未作修持時的日常行為」，據此概念，吃素屬此範疇，乃日常生活「行為」，非屬前項的「禪修」。

「吃素」起源於中國文化的「齋戒」傳統，在儒釋道經典中各有其闡

111

玄門真宗法師誦經科儀

釋，一般多半將其內涵連結到持守「不殺生」的戒律，以及與此行為相關的「慈悲」功德；但在現今社會，尤其進入 21 世紀以來，吃素的行為不見得一定與宗教有關，不少人吃素的動機是緣自健康養生，或是保護環境的立場。因此，提倡吃素作為善行，希望眾人如是而行，對宗教信徒而言可以接受，但對非宗教信徒來說，由於動機不同，不見得有說服力。

對一般信徒來說，「修」與「行」常常是分開的，我們可以在宗教神聖場域上座修持，甚至虔誠專一達到某些境界，但在下座後的日常行為中，往往散亂無章，無法與修持的境界相串聯；越高層次的修行者，越能將「修」與「行」打成一片，無有「修」與「不修」的分別，當然能達到如此境界者畢竟是少數。

「禪修」也有廣義與狹義的解釋，一般提到「禪修」，比較認為

佛教法師團誦共修

是盤腿打坐、收斂身心的這種修行；
但在佛教經論中，「禪修」也有廣義
的解釋，因此誦經、持咒、打坐、禮
拜等都屬「禪修」，都具其修行的功
德。若要問能否依靠這些修持行為來
抵抗瘟疫，我認為對「修行」要有正
確的認識：不應誤解或執著於透過某
類宗教修行定可解決某項外在問題，
如此單一的解釋往往容易造成更多問
題發生；而是換個角度來看，宗教信
徒可藉各類的修行，將個人調整朝向
正面的方向，正確且持續的修行將可
使個人提升身心兩方面的抵抗力。從
事修行，先要有正確的認知（佛教所
說的「正見」），講究的也是中庸之
道，不能偏頗執著於只有某種修行才
能抵抗逆境。

　　在佛教中（其他宗教亦然），雖
然有「共修」與「自修」的分別環境，
但並未闡述那一類較好，主要還是視
當時環境作適當調整，各有益處。
對一位有基本程度的修行人而言，因
為禪修而時常直接面對自己的起心動
念，因此逐漸養成時常觀察自己的習

信徒打坐共修

慣，不懼怕獨處。許多因疫情而被隔
離的人們，因很久沒有面對自己而害
怕處於這種孤獨境地，因此找尋許多
外在聲色來逃避獨處；有禪修基礎的
修行人就能善加利用，將之視為「閉
關」一般，這也是不少佛寺近期面對
疫情時的調整方式。

深具禪意的法鼓山水月觀音道場

113

疫情下的反思：疫病與道醫養生

國立政治大學中文系教授 高莉芬

道法自然的老子

一、生命一體、道法自然

2019 年底至今仍持續發展的新冠狀病毒疫情造成全球人類大量死亡，近年來又有氣候變遷、糧食短缺等憂患，這些世界性的災變異常，其因皆與人類對大自然的過度開發與自然環境的破壞有關。健康的生命與健康的生活息息相關，而健康的生活則又與健康的自然環境密不可分。

道教是傳統固有宗教，其思想重視人與萬物、人與自然關係，強調人與自然的和諧共生。「道」是道家與道教思想的核心，道是宇宙本源，萬物由此化生。老子曰：「**道生一，一**

道生一，一生二的太極陰陽圖

生二，二生三，三生萬物。」道，先天地而生萬物皆由此而生，老子曰：「**有物混成，先天地生。寂兮寥兮，獨立而不改，周行而不殆，可以為天下母。吾不知其名，字之曰道，強為之名曰大。**」老子指出「道」是宇宙本原、萬物始基。因此宇宙是一個彼此連結的有機生命體。人與天地間的關係是：「**人法地，地法天，天法道，道法自然。**」即人與天地自然一體。人與天地、人與環境、人與其它存在物之間具有一體性與和諧性。因而實踐道家生命一體的宇宙觀尊重其他物

種與生命、打造生命一體的和諧生存空間為解決目前地球人類與其他物種生存危機的方法之一。

二、養氣修身、養生防疫

「疫」《說文解字》：「**疫，民皆疾也。**」《字林》：「**疫，病流行也**」，解釋為普遍流行的疾病。「疫」另有「癘鬼」之義，《周禮·春官·占夢》云：「**乃舍萌于四方，以贈惡夢，遂令始難歐疫。**」鄭玄注：「**疫，癘鬼也。**」在重視陰陽調和、天人相感五行相生的道教生命觀中，不論

染疫而死者稱為厲鬼

115

孫思邈、葛洪主張用「藥方精神煉養、行善積德」養生

是流行病或是癘鬼，都與天地異常的邪氣有關。因此對於疫病的治療，尤重視氣的調養。古代的道醫如晉代葛洪、唐代孫思邈，在其醫療養生思想中除了服用藥方以防染疫治病外，也都重視精神煉養以及行善積德。葛洪強調**「欲求仙者，要當以忠孝和順仁信為本。若德行不修，而但務方術，皆不得長生也。」**養生修煉藉由向內修煉精氣神三寶，向外行善積德以培養提升自身的正氣，積激發身體自癒力防止外在的邪氣、病氣、癘氣與疫氣之侵擾。其治療之方乃是結和醫療與宗教。道教追求長生久視，重視煉養、其養生之道通過各種方法頤養生

命、增強體質、預防疾病，從而達到延年益壽而壽命的延長。除了身體的修煉調養外，首重心性的修持道德實踐形神俱養。道教養生之道注重形體養護，更重視精神心理方面的調攝。《河上公注》：**「愛氣養神，益壽延年。」**養神之道守重清靜、寡欲、無為，培養正氣，以此修持不但可以提升自身能量，去病健體，進而追求長生不死，與道相和的境界。

三、生活修行、從心做起

追求身心靈的健康也是道醫養生與修道的目的，而生活離不開食衣住行等活動，如以食為例人類在基本生

存所需外，為滿足口腹之慾對各類物種肉品的大量需求，過度開發工業化畜牧業導致山林與自然生態環境的破壞。因此除了制度面改善之外，另一方面，也要從個人心性修持做起並落實生活實踐降低慾求，以清靜心過清靜生活。《太上老君說常清靜經》：「**人能常清靜、天地悉皆歸。**」「**夫人神好清，而心擾之；人心好靜，而欲牽之。若能常遣其欲，而心自靜。澄其心，而神自清。自然六欲不生，三毒消滅。**」人心好靜在日常生活中修持心性、去除慾念、恬淡守真，清靜自性，可獲天地間能量，激活

身體免疫力與自癒力 。

養生、防疫、去病必須從瞭解人類與自然界之間的關連、順應自然界的運行規律、培養自身的能量做起。而自身的能量的培養與自身防護力的提升，則是落實在日常生活心性的修持中。疫情打亂了世界秩序，在失序中，人類應深刻反省人與人、人與社會，乃至於人與自然的秩序並重審面對生命與生活的方式及意義 。

《清靜經》心靜神清、滅三毒

玄門山心靈洗滌台

Part 4-2　閉關精進與線上弘法並重：線上座談

第四場　瘟疫流行時，我們要如何修行

1. 修行者以咒符對抗瘟疫，有效嗎？

2. 可以誦經修行嗎？其意義為何？

3. 禪修可以化瘟嗎？

4. 網路流傳，吃素可以化瘟？您如何看待？

5. 可以共修嗎？其意義為何？

數位產品‧宗教儀式與化瘟

高雄意誠堂主委　洪榮豐

疫情期間意誠堂為信徒線上服務的宗教儀式不停止（本篇翻攝高雄意誠堂臉書）

今天最主要的問題是，如何用宗教儀式化解瘟疫。因為這議題，在每個寺廟、每個人所想的見解完全不同。

但是在宗教場域中，如何發揚先人傳承下來宗教儀式，顯得非常重要。信徒你要來廟宇收驚加持，在意誠堂就由師父、師兄姊，拿三支香為您加持，讓

您的身心靈平安。

時代變遷快速，受到疫情影響，始得大家無所適從。我們恩主－聖關帝君提點，未來國家生技產業為重心；再來是精神上的寄託，因此，宗教顯得非常的重要。

意誠堂為了因應疫情，開創了線上收驚、擲筊，滿足信徒前來問事。在電腦、手機上，就可以幫信待加持、收驚，讓身心靈得到慰藉，不會心慌。

話回頭說，疫情改變了很多生活方式。一般的人都叫 uber eat、熊貓送餐。所以，我們廟宇住持對未來社會及產業的變化理解，也不可忽視。

宗教不能墨守成規，不能只開廟門，信徒進來，已經追不上時代了。只要打開廟門，就得跟上時代變遷來運作。

玄靈高上帝除了跟我們說生技產業重要以外，再次強調，百姓精神的寄託。台灣地區每間寺廟，在未來要發揚光大，在 2,300 萬的人口沒增加的情況下，各教百花齊放，搶食這塊大餅，就要與時俱進、各顯神通，了解時代脈絡來運作。

本堂最近幾年，一直在推廣 3C 產品與宗教的結合，並且將活動辦大，做行銷。過去寺廟採取廟對廟、廟對寺的策略聯盟，這已經跟不上時代。我以為，現在的宗教要異業結盟，宗教與產業，宗教與官、學、社相結合，才能把宗教志業做大，保佑更多的信徒。

時代在變，過去開銀行，客人就進來借錢，還得向銀行關說。現在顛倒過來，銀行打電話拜託你來借錢。現在廟的主事者見到這種狀況，也要反向思考，跟著潮流改變作為。

疫情發展到現在，7 月 27 日就

第二級警戒配合政府法規持續辦理儀式，化解瘟疫

要「微解封」，我們配合政府政策，要求信徒來廟宇時戴口罩、量額溫、實名制、噴酒精。另外，我們最近一直跟內政部、高雄市政府爭取辦理普度。因為普度是漢人非常重要的年度科儀，不只陰陽兩利，也對廟宇經濟有所挹助。我們透過內政部、立委、官員來爭取，現在已有開放的趨勢。

所以，我希望宗教界要團結、聯合起來為自己爭取權利，不要墨守成規，要與時俱進。當時代走到那裡，我們要跟隨到那裡，甚至超越、領導時代，引領信徒的需求。

我以前常說，舉一反三已經跟不上時代，現在要舉一反十，才能跟得上時代。我們意誠堂一直在開發、觀摩、學習他廟的成功經驗，思考如何造福更多人。從學習中求進步，人家有的成功經驗，我們沒有時，我們就要引進、精進這個部分。希望大家可以給我們指教，讓意誠堂更加成長，在此感謝大家！

這次疫情來的突然，大家措手不及。但是，我自己捫心自問，出世以後到現在的生活習性，是否正確。宗教界一定要先檢討自己、自我懺悔。疫情沒來時，忙著生活，家庭倫理變得淡薄，疫情來時，反而是我們有機會彌補家庭，重建對孩子的關愛。因此，修行者看待疫情，要有兩面，固然疫情帶來社會災難，但是也對自己的家庭生活、家庭教育、有更多時間去關注。所以我覺得家庭教育比社會教育重要，也比學校教育重要。

我覺得知錯能改，善莫大焉，就是修行，就是行善的一面。

祈關帝送走瘟神

踐修菩薩道，化解瘟疫

中華佛寺協會秘書長 林蓉芝

修菩薩道化解瘟疫

我覺得我是在宗教的修為上遠遠不及大家的經驗，可是我第一個遇到這疫情的時候，首先給我的印象是「無常來了」。從佛教的意理來看，佛教如何面對無常？在我看來，可用佛法的「緣起論」來解釋。

今天會有疫情，應該是人類造了一些因。當眾生造了因，導致瘟疫這個果。我們要找到因來解決問題，自然就可消除疫情這個果，把傷害降到最低。

一般來說眾生畏果，菩薩畏因，很多前輩都提及，眾生對生命不夠尊重，對破壞自然環境，是造成今天這個果的原因。

就誦經化解疫情來說，佛教人士當然要誦讀《藥師經》、〈持藥師咒〉。誦經持咒都有一定的功德，可

121

化解信徒身體的疾病。另外，在《光無量壽經》中，只要持觀世音菩薩的聖號，可以逢凶化吉，遠離災厄。

除此之外，我覺得「善念」是應對疫情的重要元素。它是跨宗教的概念，當一個善念發起，就會得到很多的幫助。現實來說，去年疫情剛發生時，台灣用自己的能力捐助醫療用品口罩的善念，今天產生了效果。我們獲得美國、日本等國家捐助疫苗給台灣人民，這就是善念的循環。

佛教說，生命的「生生不息」、輪迴等觀念，也是指這個道理。因此，我希望在這次疫情中，台灣各宗教信徒更要懂得感恩、惜福，更學習謙卑。

在跨教的反省信念與行為中，謙卑是必要的元素。我們以謙卑尊重萬物，以謙卑尊重眾生。如果堅持謙卑，或許就不會有一個因緣造成疫情。我們知道，疫情出現的原因可能來自動物的傳染。如果人不抓這些動物，不去吃牠，或許就不會有這個業報。

再來，談談公共衛生。疫情期間，我們要自己尊重自己，也要尊重別人。不要染病了，還要到處趴趴走，不要影響到他人，這就是沒有謙

持藥師咒遠離惡災

卑的精神。沒有謙卑的人，就不會尊重生命，不會尊重自己。

無論如何，我們未來還是會碰到無常，當無常到來時，我們應該珍惜當下的無常，帶給我們的諸多考驗，此時我們要產生智慧來應對無常。

另外，我們要尊重專家建構的防疫法規與措施，也要尊重醫界、護理界及第一線的警消工作人員。我感覺台灣有一項不好氛圍，就是我們常去指責別人，那裡不好、那裡疫苗沒有了，很少反省自己。回過頭來想想，在疫情前，有疫苗也沒有人要去打。我覺得宗教界可以發出一些聲音，讓信徒理解，做出好的判斷，面對疫情度過災難。

至於修行，我要講的是菩薩道理。就是要修菩薩道，要實踐菩薩道，而不是只有嘴巴講慈悲，實際上卻還在罵人。當政府沒有做好，沒有疫苗，沒有輪到我打什麼樣的疫苗，修菩薩道者，坦然面對。

我覺得各宗教經典，宗教人士都懂，我們要用善念，來因應眾生，捨不得眾生苦。此外，我再想想看次疫

情的病毒或細菌，它們都想求存活，就會鑽漏洞，趁虛而入我們身體。我們各宗教、寺廟如何防衛它？應該要注重衛生。坦白言，部分寺廟公共衛生做得不夠好，才會造成破口。

我還很感恩，在繞境期間，沒有發生疫情，否則那種災難是無法想像。

最後，我們應該思考，無常的來臨，預備如何應對它。根據自己的宗教信仰，去做合理的應對。我覺得我們要呼籲，宗教界應該做一些利益眾生的事。宗教人士在疫情發生時，雖

林蓉芝：疫情期間持善念、閉關修行

123

然也是受災戶，但應該更要考慮他人的生存權利。

在疫情中，協會的 200 多間道場，我發現了一項重要的東西。大家面臨疫災的恐怖，佛教裡頭談的「定力」，是非常關鍵概念與修行法門。疫情期間，關閉道場，雖然經營寺廟或與信徒連結產上了不便利，但是對很多師父、執事人員而言，他們反而很珍惜這樣的機會。

疫災來了，反而是我讀最多書的時候，也是修行最好的時機。

疫情會找上人類，在我看來出於人類對大自然的傲慢，或對彼此、團體的傲慢。我們不去檢討如何出現傲慢，反而常指責別人，就像有疫苗時，當下疫情不嚴重，沒人想要打疫苗。疫情變嚴重了，攸關我們生命，大家搶著打疫苗。

此時，我覺得佛教裡的「定力」很重要，碰到與你不同的言論時，修行者要有智慧判斷，就是福慧雙修、解行並重。

再來談共同修行，每個宗教都有它的共修法門。在我看來，共修時還要有一些理性溝通，分享一些正確的訊息。不要去做謬論的製造者、人云亦云，隨著網路流傳。我每天收到太多的垃圾資訊，宗教界要有正本清源的責任，只能從心來正本清源，如此才能自己離苦得樂，也幫助眾生離苦得樂。當每個人都快樂，這個國家就非常快樂、非常和諧。

我覺得講聖凡雙修，或是佛教講的福慧雙修，解行並重，是人的目標。要以慈悲心面對世間萬物，要與它們和平共處，找相處之道。

法地藏菩薩慈悲度亡

閉關修行增進家人情感

全球和平聯盟副理事長 陳拓環

世界基督教統一神靈協會文總裁夫婦重視家庭與早晚敬拜 （翻攝紐約時報中文網）

剛剛天帝教代表提到疫情期間，是在家修行的好時機，我們教會也非常重視。

統一教會不是我們原本的名字，文鮮明總裁在 1954 年 5 月 1 號創立「世界基督教統一神靈協會」，英文名為 The Holy Spirit Association for the Unification of World Christianity。由於名稱長，也受到一些正統教會排斥，就把我們就叫統一教。事實上 2000 年以後，文總裁已經不用這個名稱，而是稱作世界和平統一家庭聯合會。

剛剛天帝教沈教授提到在家修行，或是政大高莉芬教授提到精神鍊養、行善積德，我們生活修行重心做起。頗吻合統一教的論述，希望能夠感通神，從生活修行。

在疫情期間，每天生活中實踐修行。文總裁在世時，每天早上 5 點做早課，文總裁逝世後，韓總裁接位，允許我們 5 點半到 6 點做早課。在生活中修行，結合佛寺協會林秘書長提到的善念，時時刻刻檢討自己，走菩薩道，從自己修行做起。

每天的早課及晚上的晚禱，皆有善心、善念，就可匯聚成一股很大的力量，而這就是共修的精神。

教徽象徵理想天國

另外，今天不少朋友提到，修行可以提升免疫力，這是我們宗教人的特色。因為我們重視修身養心，雖然各宗教的樣式不太一樣，但都有它們的功德。不管靜坐、禱告、讀經，帶著善念，就可提升免疫力。最後，本教會非常重視宗教與科學的調和統一，因為它們兩個都來自宇宙的根

疫情期間如何共修，本教會採取現代科技的連線方式，方面共修。除此之外，共修也可以在家裡，夫妻、親子共修。疫情期間我們感謝神給我們機會，都待在家裡和家人相聚。過去是要到道場、教會去修行，現在居家修行，家人也很放心。因此我們感恩這種無常，讓我們夫妻、家人有更多相處的時間，在家修煉。

在玄門真宗示範結婚儀式（下圖），疫情期間依舊辦理婚禮（上圖）

源。

最近不知各位有無注意到，一位在高中時，直升台大的李宗恩博士。他在史丹佛獲取學位，創業成功。因為親人生病，轉習中醫，成為著名的醫師。在網路上，他對新冠肺炎病人的治愈率達百分之百，是非常不可思議的。他跟大陸河南人民醫院合作，形同張家麟教授所提到的科學的道醫。

中醫的優點，著重於人整的整體平衡醫療，唯有身心靈健康，肉體才會康健，李博士見證了宗教與科學的統一。本教會鼓勵信徒，要有宗教的修行，提升免疫力，也要有科學的調養。宗教修持與科學調養，就像汽車的四個輪胎，讓我們的身體這部車子可以跑得很順暢。

由於疫情的關係，在家庭的時間多了。此時，可以與家人做很好的溝通，以前忙碌於生活，現在有較多的時間和家人溝通。因此疫情當下，反而是修行者很好的機會。在疫情期間，我們多了一項修行家人相處的功課。我們宗教人有這項優點，堅定的信仰，對神的崇敬，讓我們在修行時，能夠多忍耐、多寬容、多理解對方的立場。我覺得此時此刻，除了在家修行以外，多了一些線上課程，來交換家庭、夫妻、親子經營的課程，應該是非常好的修行模式。

今天的線上會議，我覺得要記取大家所說的善念。在彼此溝通中，要修行各種功德，彼此相互勉勵，度過疫情，過平實、平淡的生活。

陳拓環：疫情期間用科技網路共修

落實五常德修行，以圓滿聖凡雙修人生

中華玉線玄門真宗教尊 陳桂興

玄門真宗為現代型修行教門，建立圓融國度

從去年疫情開始一直到現在，我們都以「瘟疫流行時，要如何修行？」這項主軸活動為核心，採理論與實踐並行的方式，讓普羅大眾願意親近修行，共同對抗疫災。我們做了一個短片，請大家一起來觀賞並能給予指導。

影片中可以看到，玄門真宗於庚子年的疫災發生時，就開始積極推行，從未懈怠。例如：透過手機 APP 連結下載，開辦多梯次的線上視訊課程，多次辦理集結點燃「浩然正氣燈」…等活動。我們鼓勵大家在疫情期間，一定要走出困境，一定要發揮自己的影響力。我們告訴門徒、信眾，一份行作一份功勳，修行沒有假期，不能因疫情停歇，只有透過行作，才能追求生命內涵的真正圓滿。

王理事長對儒宗神教、九天玄女此兩類的神學，有深度的研究，而且對鸞、恩主公信仰，也有實務的經驗。今天在這裡講修行，是希望大家能「修之行之」，自己修之後，要把它表現出來成為行。

所謂的修，是要從理論、學術來深度理解、學習與體會；至於行就更

重要了，要避免「禍從口出，病從口入」。此次病毒的流行，幾乎是從呼吸道、嘴巴進入人體，但是現在很少人討論「禍從口出」的修行。

玄門真宗以關聖帝君的五常德為教育中心，儒教講的五常德仁、義、禮、智、信，強調修身養性。但是，關聖帝君的五常德是從「體用合一」的理論說起。

在玄門真宗，宗教寺廟是道場，家庭更是個人修行的道場。現在我就針對本教門的五常法門中，來談談五個面向的修行道場。

第一個道場就是「自己的身體」。人從出生到老死，身體就是我們隨身的道場。所以，我們透過靜息、時序、飲食、運動與常保法喜的心，來維護「身體健康」。

第二個道場是「人際關係」。人是群聚的動物，不能離群索居，我們要學會與人良性互動，與人和平共處。本「人生以服務為目的」的理念，來服務親、朋戚、友，成為他們生命中的導師，也就是用「義」來建構第二個道場。

第三個道場是「家庭」。玄門真宗強調「聖凡雙修」，重視家庭經營。因為我們出生的第一個社會就是家庭，跟隨著父母的家庭成長，將來也要從家庭回歸到圓融國度，所以我們鼓勵門徒「知性可同居」，除要善盡本份外，更要多多付出不加計較，讓家庭充滿溫馨和樂。

第四個道場是「事業的經營」。我們都知道，關聖帝君是武財神，祂不只是教我們賺錢，還教我們如何經

營利益眾生的事業。讓我們從事業的經營中，獲得人生的成就。所以，我們要經營好事業，就必須要與長官、同儕、部屬建構良好的理念與關係。

第五個道場是「信仰」。從玄門真宗建構的仁、義、禮、智、信五方圓融圖來看，「信仰」涵蓋了仁、義、禮、智四個面向，當信仰充實、堅定了，身體才會健康，人際才能圓滿，家庭也才和諧，事業更能有所成就。

疫情時期的修行，本教門重視「聖凡雙修」的圓滿。我們使用MEET，透過網際網路的線上課程，減少往返奔波道場時間，在家庭就可修行，讓學員、門徒們，可以同時兼顧修行和家庭，又可避免群聚。延續幾梯次的課程，得到學員們諸多的肯定，現在就用簡單的影片來和大家分享。

最後，本教會辦理這次線上學術論壇，還是期待各位專家、學者，能夠提供更好更多的論述或建議，也盼望參與線上論壇的宮、院、堂，能夠從專家學者在疫情中給予的各種宗教回應，善加運用，好為自己的宗教，理出化解困境的方法。甚至思考未來如何引度眾生？如何執行並達成諸聖仙佛、列聖恩師託付給您的使命？如何經營自己的宮、院、堂…等。

一連四天的論壇，參與的宮、院、堂達100餘家，不論您是發表論述或上線參與或僅觀看聆聽，我都希望這類型的學術論壇能夠持續推展，也期待宮、院、堂繼續參與，能夠集思廣益，提供大夥兒解決問題的思考方向，讓我們在服務眾生的道路上，能攜手共進，這是我深切的期盼。再次謝謝大家的參與。

疫情期間持續在線上修關帝五常德

修行即修倫理道德

國立政治大學中文系教授 高莉芬

從莊子、韓非子理解修行、養德（翻攝網路）

我覺得王老師講得非常好，也很精闢。我們修行就在生活中，不是到大道場去，雖然道場是個很好的修行場域，但是最重要的是，我們自己內心的生活道場。無論是天心或人心，我在關聖帝君《桃園明聖經》中，看到了兩者的相印，就能得道。

修行這兩個字的概念，應該回到中華文化。在古代典籍，《莊子》、《韓非子》就提到了。它比較偏向「修養德行」，如同王老師講的內聖外王。

至於剛剛教尊談到修行中的行要實踐。在我看來，主要的問題在於實踐什麼？也就是實踐的內涵，當我們要去做、時時身體力行，不是只有讀經、持咒而已，而是在行德。行德、德行這兩個詞，就是我們修行的目標。

在道教的思想裡，還談積累功德的精神煉養，道德中的道，除了是宇宙的本體外，也是人應該走的路途。至於走什麼路，就是走德的路。就是要實踐倫理、四維八德，這些基本道德。

剛剛看了玄門真宗的影片，讓我感觸頗深。影片中的聖凡雙修，如同道教講的性命雙修。我們可以思考或擴大有關「境」的概念，例如聖境與凡境是什麼情況，聖人與凡人又是什麼內容。我個人的心得是從凡修起，再凡中修聖，最後凡中成聖，這是我個人的心得。

以心法治療瘟毒及網毒

中華儒道研究協會理事長 王祖淼

中華儒道研究協會

　　剛剛佛學研究的劉國威教授提及佛教的修行，我們儒、道兩教，重視的是「內聖外王」的功夫，彼此會有融通之處。事實上，修是指「修自己的內聖」；行就是「行外王」。就是一般人所說的靜功、動功，佛教又叫禪修。禪修是靜功，至於對外的修行，在儒家來說，就是「反求諸己，克己復禮」，就是內聖。在天帝君親師的五倫綱常中，應該從孝順父母開始。至於所謂的外王，就是對外行仁。其實五教諸多經典，都可彼此會通，只是比較少人將它作論述，這是我的第一個回應。

　　第二個回應是，在這次疫情不只要針對COVID-19，在現實生活中，在我看來資訊病毒在網路流傳，比COVID-19還嚴重。因此，科學家想盡辦法發明疫苗，治療COVID-19，在看來那不是治本。如果要治本，就得從人心中的心性做起。無論是觀世音法門、儒宗神教心法跟九天玄女的法術，基本上都是講心性的治療。

　　「萬法由心生」、「萬法由心滅」，心是修行的根源。而在儒家講天心、人心兩個心。師父對弟子要因材施教，正本清源，人心要符合天心，如此誦經才有意義。誦經不是送給別人聽，而是自我期許、勉勵，這是我的感觸與回應，就教於各位。

表 4 各宗教人士於疫期的修行法門

修行	宗教	基督教	道教	佛教	民間宗教	民間教派（理教、天帝教）	玄門真宗（鸞堂）
閉關	誦經	-	-	○	-	○	○
閉關	打坐	-	-	○	-	○	○
閉關	八段錦	-	○	○	-	-	○
線上	禱告 禮拜	○	-	-	-	-	-
線上	誦經	-	○	○	○	○	○
線上	會議	-	-	-	-	-	○
線上	宣講	-	-	○	-	○	○
線上	上課	○	-	○	-	○	○

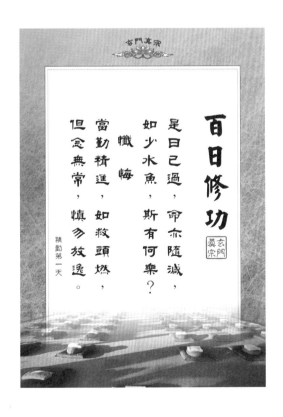

配合政策，尊重科學，運用科技，
線上弘法，投入救瘟，立己度人

Part 5
宗教家如何
看待政府管
制宗教

Part 5-1 瘟疫中求生存：名家點評

宗教動彈不得？

真理大學宗教學系教授 張家麟

第三級警戒開始寺廟禁止進入

第三級警戒後，內政部一聲令下，要求全國各宗教場所拉起封鎖線，使它們幾乎動彈不得！

與各行各業相較，宗教界似乎矮了一級。

宗教完全比不上好市多、家樂福、全聯、傳統市場等大中小型賣場，各大百貨公司，台積電、華碩等大工廠，及公、民營行庫等銀行。它們一如往昔，政府不敢讓這些行業停班。

宗教也比不上公家機關及各行業中的白領階級公司，政府只鼓勵它們分流上班。至於各類型餐廳、冷熱飲品店，宗教也跟不上。因為它們還可以外賣，而宗教只能在場所內服務信徒，少有外賣。

宗教倒是與各級學校、夜市、公園、室內健身房雷同。民間宗教、耶、回、釋、道、一貫道、理教、天帝教等各宗教或教派場所，暫時關閉。它們是這波疫情，受到衝擊最大團體。

在這波疫情中，政治力永遠凌駕宗教力之上，細看下面諸多的限制：

1、禁止個人入宗教場所內參拜、禮神、禱告、告解。連室內 5 人以下，也不行。

2、暫停各寺廟法師、道長、乩童，對個人作收驚、祭解、補運、祭星、祭車或辦事濟世等儀式服務。

3、禁止各宗教的群聚，包含祈禱、水陸梁皇法會、禮拜、禮斗、聖誕、迎神、神將出團、豕祭、普度、繞境、進香等團體科儀。

4、連 5 人以上的團體誦經，也被科以罰金。

5、部分地區宮廟的擲筊、抽籤，也禁止使用。

內政部公告禁止宗教活動（翻攝內政部）

疫情期間好事多正常營業（翻攝網路）

行天宮暫停收驚

台北保安宮於瘟疫期間暫停祭解

最離譜的是，「慎終追遠」
之宗教儀式，也受波及。

染疫、橫死者，家屬須 24 小時
內將之火化，禁止辦理告別式，他只
能孤零零的離開了人世。壽終正寢者
雖然可以辦告別式，但是，超過 10
人以上，政府立即開罰。

在疫情擴散的時代，台灣變成了
沒有「人味」的社會？

當我們對喪、葬之儀，都視之如
敝屣時；它的重要性，比不上「經濟
力」的工廠、賣場、百貨公司時；欲
使「民德歸厚」，難上加難！

疫情期間暫停禮斗法會

於玄門山點「浩然正氣燈」化解瘟疫

2020 年 12 月扶鸞大會玄門真宗法師戴上口罩參與盛會

COVID-19 對宗教的衝擊

台灣宗教與社會協會

2021 年玄門真宗辦理宗教師養成論壇，誦讀「祈願疫息文」

COVID-19 對全球肆虐將近一年半；台灣最近 40 天來，隨著疫情擴散影響下，各行各業受到了大小不一的衝擊！

百姓在宅悶壞了、心理有些驚恐；短期內，至今（6/21）染疫者 14080 人，橫死 569 人。老人家最近 4 天打 AZ 疫苗猝死往生者 84 人。部分商家倒閉，部分行業經營困難、民不聊生。其中，境內各宗教組織也受

到嚴重的衝擊。

我以為，疫情對宗教組織的傷害，可以分為「短期」、「長期」兩類的影響來論，分別解讀如下：

就短期來看：當政府在 5/15 一聲令下，全國第三級警戒。政府第一時間下令，管制它特別的嚴厲。雖然，宗教場所可以開門，但須拉起封鎖線，完全禁止信徒入內禮神。一如封閉各級學校、室內遊藝場、運動中

疫情期間，廟宇提早打烊

疫情期間香油錢減少

心、卡啦OK、KTV、健身房、公園，是各行業中受侵害最嚴重者。

當信徒無法入教會、堂、寺、廟、宮時，宗教團體的「經濟力」立即萎縮，許多寺廟勢必「度小月」了。

主要原因在於信徒無法親近神，得到祂的慰藉。再者，未能入神殿，缺乏人神互動，信徒人無法得到神職人員的服務。三則，基於上述，信徒就難以宗教捐款。

就宗教團體來看，平時雷同於疫情期間，只要一開門，柴米油鹽醬醋茶七件事，缺一不可。平時，取之十方眾生，用之於社會、弘教。現在，沒有善款支撐下，它難以回報社會，也弱化了其生存能力。

再就長期來看：在不知何時解封、解除宗教禁令下？宗教的「神聖性」、「團隊性」、「靈驗性」也受影響。

先看「神聖性」。

當佛教法師，耶教牧師、神父，伊斯蘭教阿訇，民間儒教鸞手等神職人員，不能為群聚信徒「講經」、「講道」時，信徒就不能聆聽、體會、實踐神的話語、修行觀、道德律。

他們身在世俗、瘟疫流行的社會，只為自己的生存而努力。壓縮了自己內在的「利他」性格，「榮神益人」的品性、行為減少。整體而言，信徒的「神聖性」，也隨之降低。

再言「團隊性」。

疫情期間，政府禁止各宗教信徒

作集體禱告、膜拜；民間宗教、道教的迎神繞境、祭典、醮典、禮斗；華人宗教的普度、超拔；民間宗教、釋教、道教處理橫死的打城、牽狀；佛教的水陸法會、梁皇法會。

信徒無法群聚參與宗教活動，「我群」連帶情感衰退，共同信守、的「戒律」、「禁忌」，彼此互挺的「社會關係」網絡，也受衝擊。

最後談「靈驗性」。

當政府運用「科學決策」，否定了眾神的護衛信徒、驅除瘟疫的「神格」、「能力」；也不肯定其代言人的「儀式神蹟」。此時，宗教神譜、儀式、符咒等驅瘟的「靈驗性」，被科學消滅瘟疫的「能力」取代。

因此當學生問我，此次 COVID-19 對宗教有何衝擊時？我常回應，端看各宗教團體的代言人及其組織的反應。當它無任何作為時，只能任「疫情」宰割，被「政治結合科學力」主導，該宗教組織將更形萎縮。

反之，它如能運用宗教領袖線上講經弘法能力，發揮組織效能，安撫信徒忐忑不安的心理，積極回應社會困境。或許可以維持其「經濟力」、「神聖性」、「團隊性」、「靈驗性」，而化危機為轉機！

宗教與科學相容並存

疫情擴散，宗教家如何看待政府管制宗教（1）

中央研究院民族學研究所研究員 / 所長 張珣

微解封後基隆代天宮普度，主法道長戴口罩

　　二十一世紀的現代人生活中，以經濟生活為最主要。加上，宗教最擅長的處理身體疾病，排解心理困擾，也都被現代醫學與心理學或精神醫學取代，宗教幾乎退居現代生活的幕後。現代人的一生當中，僅有少數生命關口，或是危急事件，例如當兵，大考，生大病，失業，痛失親人等等，需要宗教的慰藉，很多人幾乎不需要宗教。這是全球性的大環境趨勢，也是疫情期間宗教被冷處理的時代背景。

　　其次，我們理解疾管局無力照顧到各行各業，宗教界如同產業界，必須自

己爭取權益，業界內部自己先討論出一個共識，未來才能為宗教界爭取權益。這是我們開會的目的，即使目前宗教尚未被全力箝制，我們必須未雨綢繆，若能討論出一個共識，可以提供未來疾管局參考。

1. 疫情擴散，政府對宗教的管制？

2021 年 5 月 15 日，疫情三級警戒期間，CDC 疾病管制局規定：禁止舉行進香繞境普度活動。寺廟堂及其他類似場所活動，需實行實聯制與社交距離，並加強清消。但是實際上電視新聞畫面跑馬燈不斷跑出，宗教場所活動全面停止。結婚不宴客，喪禮不公祭。而許多民間寺廟堂實際上，執行的是信徒完全不得入寺廟堂參拜。寺廟堂的大門深鎖不敢開放。擔心帶來汙染。信徒不得入內五人也不行。神職人員不得儀式服務。禁止宗教法會群聚。五人以上誦經團也被科以罰金。禁止使用杯筊抽籤。

7/13 起，各級政府得視疫情適度鬆綁對象：戶外：文化園區。室內：電影院，運動場館，餐飲場所。（仍須戴口罩，維持社交距離，實聯制）。編列內部成員名冊，建立健康監測機制，定期清消場所，規劃信徒入內措施，訂定發現確診者應變措施。

2. 政府要求宗教徒禁止入廟堂、神殿？您如何看待？

2021 年 5 月，這樣的規定，太粗糙。可以對於寺廟大小面積做不同等級區分，對於宗教活動做出大小不同等級區分。否則，可能加大貧富不均的差距，富者

疫情期間玄門真宗道場關閉

艋舺龍山寺禁止信徒入廟

疫情期間阻斷廟際往來

可以其它方式舉行儀式，貧者無法進入廟宇。富者可以其它方式獲取心靈慰藉，貧者無法宣洩其心理苦悶。

3. 禁止室內拜拜、抽籤、擲筊及各種儀式，與戶外宗教儀式，您如何看待？

如果分流，分艙，應該可以入廟內進行儀式。目前取消社區七月普渡，降低了社區人群之間的友誼與信任。目前取消廟宇的進香繞境活動，降低廟宇之間的交流與聯盟。

4. 一般民眾死亡禁止喪葬告別式公祭？染疫橫死者，禁止喪葬告別式？您如何看待？

應該可以舉辦線上公祭，或是分流分艙公祭。否則，可能導致家屬內心的內疚與心理創傷。

以上四題，到了 2021 年 7 月底，可以有不同而且更細膩的作法。例如，二級警戒時，篩檢過的信徒，打過一劑疫苗的信徒，打過兩劑疫苗的信徒，可以

有不同做法。香港的餐廳逐步開放的作法。容許一桌 2 人全餐廳允許 12 人，一桌 4 人全餐廳允許 24 人，一桌 6 人全餐廳允許 50 人，一桌 8 人全餐廳允許 100 人不等。

5. 宗教寺廟堂的經濟收入？信徒、廟際間的社會性、團體性？

宗教寺廟堂的經濟來自信徒捐獻這部分的收入完全斷絕，只靠以前的不動產或是存款。信徒與信徒之間，信徒與廟之間，廟與廟之間的交流完全斷絕。宗教信仰只能存於信徒家裡，或是個人性的行為。減少集會，則宗教戒律與禁忌減弱。

6. 儀式神聖性？神明的靈驗性？向神學習的道德性、超越性？

宗教的感動，神蹟的見證，儀式的靈驗，儀式的效力，因為無法進入寺廟堂集體禮拜而完全取消，無法展現。嚴重地說，此時，寺廟堂供奉的神明神像比神明公仔玩偶對人們心靈的撫慰效果還少。神明公仔充分具有個人性，可以攜帶，可以保存在個人空間，可以隨時取出傾訴。寺廟堂神明神像無法滿足個別信徒私密性的心理需求，無法提供立即撫慰，而相對是必須長期等待，無法驗證的等待。無法講道講經，修行，減少神聖性。驅瘟弭災 防疫能力被科學取代。

神明公仔可撫慰信徒心靈

玄門真宗主辦第七屆扶鸞大會

疫情擴散，宗教家如何看待政府管制宗教（2）

高雄師範大學經學研究所副教授 陳韋銓

疫情期間暫停平時信徒擲筊祈求神明

　　全球自從因為COVID-19的關係而造成為數眾多的人民死傷以及相關產業的蕭條與衰退，當然臺灣也深受其害，因為疫情嚴峻的關係，臺灣政府宣布自5月28日起全國三級警戒，防疫期間，人人均要嚴格落實實聯制、戴口罩、量體溫、噴酒精或勤洗手、禁止飲食、保持社交距離、加強清潔消毒等相關規定，只要會造成群聚的場所都給予禁止或暫停，如旅遊業、餐飲業、娛樂業、百貨業、服務業、大眾運輸業、宗教團體等，這

樣的情況當然會造成這些相關從事人員在團體活動上進行的限制與產業經濟上的拮据，對民眾的生活實在是大大的影響。臺灣政府為因應疫情所帶來的經濟衝擊，也提供了一些紓困措施，讓有需要的民眾或企業團體來申請，以減少因疫情所帶來的損失，不無小補。

　　防疫期間，任何只要會造成群聚的場所要均禁止或暫停、延期辦理，違規群聚則會給與最高30萬的罰款。以宗教場所或團體來說，宗教信仰對

於很多人來說可能是道行修練與心靈撫慰的重要對象，而在防疫期間，政府禁止民眾到任何的宗教場所或團體，信徒頓時失去了此重要場所，對很多人來說，一定覺得很遺憾，但這也是政府為了大家的安全與健康著想，所以對這可能是短暫的防疫三級警戒，大家也都能配合與接受。

筆者僅就下列做說明，疫情擴散後，政府對宗教的管制？政府要求宗教徒禁止入廟堂、神殿？禁止室內拜拜、抽籤、擲筊及各種儀式，與戶外宗教儀式？上述的問題皆遵照政府的相關規定來進行以避免受罰，特別是依據內政部頒訂的《宗教場所防疫管理措施指引》。臺灣政府宣布全國三級警戒自 5 月 28 日起，所有會形成群聚的廟會儀式與活動均要禁止、延期或暫停至 7 月 26 日，而內政部於 7 月 9 日公布《宗教場所防疫管理措施指引》，自 7 月 13 日起，依內政部訂定之《宗教場所防疫管理措施指引》，有立案登記的宗教團體可以撰寫《宗教場所防疫計畫》，並經主

疫情期間基隆代天宮禁止信徒入廟

收起筊杯（右上）、籤筒與籤詩

玄門真宗在疫情期間主辦「大道向前行：後疫情時期宗教的回應」線上直播論壇

管機關同意後，可以適度的微解封，開放民眾進入宗教場所。若宗教團體立案登記的是「全國性宗教財團法人」，報送的主管機關為「內政部」；若立案登記的是「地方性宗教財團法人」，則是報送「鄉鎮區公所」初審後，再轉「直轄市、縣市政府」複審。

此外，依據宗教團體所撰寫的《宗教場所防疫計畫》而通過微解封的宗教團體若有違反《宗教場所防疫管理措施指引》相關防疫規定者，即刻停止開放宗教場所 3 天，等完成改善後且經主管機關同意後，才能再開放民眾入內且發現違反規定 2 次者，

即刻停止對外開放。而其他宗教團體未立案登記或未提報防疫計畫的仍需維持宗教場所暫不開放且以線上直播（或預錄）方式舉行（室內最多 4 人，室外最多 9 人）。又個別民眾在不群聚之前提下，仍可於宗教建築物外之廣場、廟埕等空曠地點拜拜、祈禱，宗教團體亦應配合做好各項防疫措施、維持前後左右 1 公尺之室外社交距離，且不提供筊杯、籤筒、供桌、香枝等祭祀用具供民眾使用。

疫情在政府與民眾的通力合作之下，漸趨緩和，可喜可賀，因此內政部民政司在 7 月 19 日公告〈即日

起，廟埕、廣場等空曠地點得舉辦無觀眾之酬神戲表演〉一文中提到「按神祇誕生等廟會活動向來為國內寺廟的重要宗教慶典，但自國內疫情警戒提升至第三級以後，該類活動因國家防疫需求而全面停辦。考量近日國內COVID-19疫情已日漸趨緩，相關管制措施宜隨疫情再作適度放寬，因此，自110年7月19日起，寺廟倘能落實以下防疫措施（「限於宗教場所外的廟埕、廣場等空曠地點演出」、「不開放民眾駐足觀賞，須做好人流管制」、「表演團隊應全程佩戴口罩（但歌仔戲演員於表演前7天快篩陰性者，得於上臺演出時暫脫口罩）」、「應落實實聯制、禁止飲食、加強清潔消毒等各項防疫措施」），得邀請『布袋戲』、『歌仔戲』、『皮影戲』或『露天電影』等表演團體作酬神演出。」如此又為宗教團體做了再微解封的動作，提供適度的便利性，讓宗教團體可以進行多一點的宗教活動以修行或撫慰人心。

降級鬆綁新指引

宗教場所

● 不開放繞境、進香及遊行。
● 不開放中元普渡福宴、平安宴、流水席。
● 宗教場所有條件開放
　・須落實實聯制、全程佩戴口罩、維持社交距離、加強環境清消。
　・室內最多50人，室外最多100人。
　・採梅花座，固定座位。
　・不提供自助餐，桌餐需設隔板
　・住宿1人1室。（除同住家人外）
　・酬神表演演出人員須有3-7日內快篩陰性證明，方得於演出時脫下口罩，觀眾禁止飲食，舞台與座席最前端間隔至少3公尺。
● 中元普渡活動，公司行號或社區住戶自辦中元普渡或類似活動，可以參考內政部防疫措施。

中央流行疫情指揮中心 2021/07/23

第二級警戒管制宗教場所（翻攝內政部）

歌仔戲

反思「疫情擴散，宗教家如何看待政府管制宗教」

台灣省道教會副理事長 林明華

疫情期間元心地母廟辦理 25 週年慶（本篇照片皆由元心舍地母廟提供）

首先在此非常感謝：張家麟教授、中華玉線玄門真宗教會陳桂興教尊及台灣宗教與社會協會的邀請。

讓我能代表省道教會及宜蘭元心舍地母廟，上線參與『大道向前行：後疫情時期宗教的回應』第五場講座，擔任主講人。並對「疫情擴散，宗教家如何看待政府管制宗教」等相關的問題，提出淺見。

其實末學所學有限，感恩主辦方給我機會，來此分享及學習。

在我的生命歷程中，個人對宗教信仰從完全都不懂下，一路走來到現階段，還不斷的研習「深奧的大道萬象」與「變化多端的大自然」。

然而，計畫永遠比不上變化，我以為修道者要以不變應萬變，努力不懈勤修、勤行，力求生命圓滿，而能存活下來。

過去，新冠肺炎疫病未發生，全球及台灣過著一段安逸、幸福的日子。去年，疫情在全球擴散；今年五月中旬，在台灣破口。瞬間，全世界、台灣染疫者、橫死者哀鴻遍野；未染疫者也慌了。

生者開始忐忑不安，人人自危，

唯恐面臨死亡風險。

當臺灣出現本土案例，瞬間擴張病例。臺灣政府防疫中心下「三級警戒」命令，嚴格管理人與人之間的接觸，維持社交距離，外出戴口罩，入宅勤洗手，關閉餐廳、八大行業、球館、運動健身中心、公園、教育機構，下令宮廟信仰場所不能出入。

此時，有些門生、信徒慌了？想請我幫忙，請示一下地母娘娘。想想，為什麼會變成這樣子呢？我們會不會被感染到嗎？有何方法可以避免不被傳染到嗎？有何秘方？

種種提問都顯示，大家都急著尋求答案？

我發現，此次瘟疫流行，政府下令拉起寺廟堂前的封鎖線，立即切斷人對神的信仰依賴。當人的無助感愈大，失望就越深。內心不禁懷疑，神佛不是全能的庇護眾生嗎？怎麼不出解藥？

門生、信徒的種種疑問，我有時也啞口無言。不過，在此我要感恩諸天神佛保佑，至少我認識的眾門生，到目前為止皆平安無恙。感謝地母慈悲，眾神無量壽福。

此外，我要進一步反思：「**疫情擴散，宗教家如何看待政府管制宗教，造成的困境**」，這個問題：

在我看來，最重要的部份，且最有影響的就是如何經營宮廟堂！我們要了解經營一個宗教團體，跟經營公司沒兩樣，它皆有基本的人事管銷。

地母指示：辦理行善及救疫法會

到台中捐贈物資

昔日信徒擠滿廟埕祭拜

本來這些費用，大部份來自香火錢及法會活動的盈餘。但是，疫情擴散後，政府下令關起廟門，從此之後信徒不能來禮神，作宗教科儀；廟方也不能辦法會；宗教團體也就沒有主要的收入來源。

相信講到這裏，各位同道在線上應該都很有共鳴吧！

我認為，各個宗教的本質，皆在勸人向善，平息信徒內心怨恨、不平之事。神及其代言者，欲把世間一切事物，揚善隱惡，平衡陰陽，化解信徒心裡各種苦境。

在疫情嚴峻期間，更是如此。信徒此時此刻惶惶不安的心情，更需要向列聖仙佛傾訴。但是，現實的環境卻不容許他們到宗教場所。政府只關心、限制信徒群聚，卻從未擔心、也同意民眾在大賣場、傳統市場或百貨公司等地群聚消費；或到工廠群聚上班。

這種明顯不公平對待宗教團體的高壓政策，可能會導致信徒的民怨沸騰。甚至，在官逼民反的情況下，逼迫社會底層、善良信眾、弱勢團體，走上街頭，示威抗議政府，而造成社會動盪不安。

當然我相信，線上的同道都是守法者。願意配合政令，扛起管理的責任，作寺廟消毒、信徒人流管控、人

員造冊實名制、戴口罩，再作各種年度、平時的宗教儀式活動。我也知道，這波疫情已重創宗教團體財務及各行各業的經濟。

因此，我在此誠懇呼籲，各宗教團體應團結起來，可聯名向地方及中央政府要求，盡快為全民施打疫苗，形成免疫功能的防護網。才可平息沸騰的民怨，及漸漸恢復民生經濟。

與台中市府協調捐贈物資

2021 宗教界護國和瘟超薦法會

由佛教、道教領袖行和瘟超薦法會上香禮（元心舍地母廟提供）

Part 5-2 防疫政策下謀出路：線上座談

第五場 疫情擴散，宗教家如何看待政府管制宗教

1. 疫情擴散，政府對宗教的管制？

2. 政府要求宗教徒禁止入廟堂、神殿？您如何看待？

3. 禁止室內拜拜、抽籤、擲筊及各種儀式，與戶外宗教儀式，您如何看待？

4. 一般民眾死亡禁止喪葬告別式公祭？染疫橫死者，禁止喪葬告別式？您如何看待？

5. 宗教寺廟堂的經濟收入？信徒、廟際間的社會性、團體性？

6. 儀式神聖性？神明的靈驗性？向神學習的道德性、超越性？

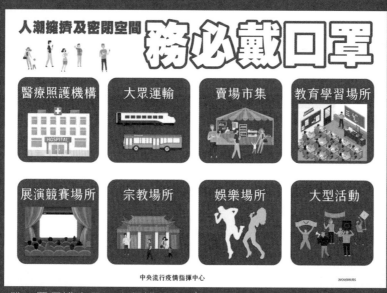

帶口罩保護自己，也保護他人（引用至中央流行疫情指揮中心）

疫情肆虐下的宗教經營與閉關修煉

中華玉線玄門真宗教尊 陳桂興

玄門真宗陳桂興教尊鼓勵信徒疫情期間是最好閉關修行時刻

　　這次三級警戒的疫情管制，讓我想到宗教經營與閉關修煉這兩件事情。這幾天的學術討論，我建議大家也可以聚焦從這兩個方面來思考。首先是宗教如何經營的問題，在過去宗教一直不敢明講經營二個字，甚至認為宗教本來就不應該經營，只能順著因緣走，不能有所謂的企劃，或是企業式的管理…等等。

　　但是，隨著科技發達，網際網路普及，大環境的更迭變動，我們應該與時俱進，應該要以全新的觀念，來迎接諸多變動與挑戰。據我所知，目前台灣地區已經有很多宗教，開始重視經營的概念，也著手採取企業式管理。

　　當疫情擴散時，政府對宗教寺廟的諸多管制，除了讓我們備感挫折、手足無措外，面對政府單方面的告知、禁止、警戒、管制，我們就更應該努力思考，寺廟在此管制下的營運問題及未來走向。包括財務收支、包括如何發揮度世的功能？如何撫慰安頓信眾和門徒，因疫情而受到創傷與

不安的心靈？如何弘揚宗教的內在的精神，來助益大眾…等。

　　其次是閉關修煉，這幾天的討論中，就有佛教界的朋友建議，管制期間是我們最好的閉關修行時刻。我們可以藉由內修精進，反省問題困境，思索面對化解的方法。但是，根據個人長期觀察，能做此一安排的宮、廟、院、堂，為數不多。玄門真宗一直以來，都本著春耕、夏耘、秋收、冬藏的概念，讓門徒信眾能藉由歲末時分閉關，以檢討過去策勵將來。閉關的方式又分為個人及團體，教門會針對門徒的不同需求，規劃設計課程。藉由這個機會，我就來分享去年瘟疫期間，玄門真宗所拍攝製作的影片供大家參考，也歡迎各位能提供意見回饋喔！

　　感謝大家的聆聽。

玄門真宗於疫情期間持續辦理「牛轉企機」講座

討論

主持人 張家麟教授

疫情期間可以思考分艙分流的進香規劃

陳韋銓老師提到繞境要盡量配合政府的宗教管理政策，但是我們看到了一個矛盾，小型的旅遊團都可以同意了，但是我們政府不同意小型的進香團，不知道張珣教授有什麼看法？

限制 20 人以下的瀏覽車、進香團

中央研究院民族學研究所研究員 / 所長 張珣

因為一部遊覽車大概 45 個座位，所以如果說坐 20 個人以下，是不是旅遊進香，應該是可以考慮開放。當然進香不只是只有坐遊覽車，到了寺廟宇後香客大樓的住宿，或是進廟以後，寺廟如何安排進香客的祭拜行為，這也都有賴廟宇的事先規劃。

我剛剛也很感謝陳教授，他提出來說政府其實有開放讓不同的廟宇，寫這個企劃書可以申請，所以如果有這麼一條通容的管道，我覺得廟宇如果想要開放小型的進香，他可以先規劃好，做好他的企劃案，可以接受一天幾團，一天幾個人、時段、分流分艙的做法，然後把這個企劃案送交地方政府。我想這可能是一個解套的做法。

宗教界共同向政府爭取權利

理教總公所總執行長 胡文中

宗教的天職就是弘法立身，不是消極出世。所以這次非常感謝主辦單位舉辦這次很有意義的活動，讓我們宗教界可以一同為疫情來發聲，也藉由這次活動再次促成不同宗教，乃至學界，我們可以互相交流，所以這是一個很棒的活動。

個人覺得政府可以協助宗教，不管是學者、宗教界都說得非常好，個人對政府有兩項建議：第一，加速落實對宗教界的補助款；第二，加速宗教界執事的疫苗施打，這兩個應該是對我們宗教界有實質幫助的地方。

另外，關於這次本教因應疫情的作為：理教是綜合儒、釋、道三家之學為一理，集千聖之傳以立教，所以非常重視宗教教育。2020年的時候理教有成立中華聖禮書院，在疫情之前我們是藉由實體面對面的教育來上課。在疫情到來時，我們也開始採取線上授課，一週有四堂課，在每次結束時，帶著大家一起祈禱。祈求疫情早日平息，亡者得生淨土，生者平安健康。當然在線上連線與3C使用方面，我們還要多多跟主辦單位中華玉線玄門真宗學習。

理教的中華聖理書院在疫情期間採取線上上課（翻攝網路）

虔誠唱誦祈願文，以弭平疫災化解疫情

中華玉線玄門真宗教尊 陳桂興

2020-2021 年玄門真宗為信眾及台灣、全球人類祈願化解疫情

去年開始我們教門就多次邀約全國的宮、院、堂點燈，為全國百姓消災植福，邀請大家在關聖帝君聖壽、端午節、冬至時，一起集結來點起浩然正氣燈。在點燈的同時，也都有附上祈願文，讓大家能透過虔敬的祈願祝禱，期能息災止疫。現在也讓我們一起隨著影片，在線上虔敬祈願，希望透過這五次的學術論壇與不斷的祈願祝禱，讓所有參與此次活動的宮、院、堂和教授學者們，以及線上好朋友都能夠平安順遂。

《 為 化解新冠肺炎疫情祈願 》

慈悲偉大的各宗教、派門的教主、諸天眾聖神仙佛呀！

祈求您化解新冠肺炎疫情，讓許多受到恐懼、苦難和驚嚇的人能平安。

祈求您的慈悲加被，讓我們具備勇氣與智慧，

面對疫情能夠處變不驚，面對疾病，能夠冷靜寬心。

慈悲偉大的各宗教、派門的教主、諸天眾聖神仙佛呀！

請您加持與庇護！讓受疫災的同胞；生者，能消災免難，健康如昔；

讓受疫災的同胞；亡者，都能往生圓融國度，圓滿無所罣礙。

慈悲偉大的各宗教、派門的教主、諸天眾聖神仙佛呀！

我們要為新冠肺炎生病的朋友們祈求祝願，願您以慈悲威力，

減輕生病朋友們身心的痛苦，讓他們早日脫離危險。

慈悲偉大的各宗教、派門的教主、諸天眾聖神仙佛呀！

願您慈悲加被，保佑生病的朋友們身心調和、安泰。

從今而後，能得到安住的喜悅，能得到親人的關懷，能得到朋友的祝福，

並能培養面對未來的信心，更增加堅強的力量，身體從此早日康復。

慈悲偉大的各宗教、派門的教主、諸天眾聖神仙佛呀！

再次的請您加持與庇護！祈願讓我能有積極的心念，有再生的信心；

我要更加勤奮，讓生活充滿希望，祈願讓我有向前的勇氣，

我要學習放下恐懼害怕的情緒，祈願能因此得到快樂，身心能寬慰平和。

慈悲偉大的各宗教、派門的教主、諸天眾聖神仙佛！

請求您接受我至誠的祈願！

請求您接受我至誠的祈願！

以上就是玄門真宗錄製好的祈願文，教門也備有這樣的卡片，來提供分送給大家。

身為宗教人，宗教的共同情懷就是「愛」與「悲憫的心」。除了考慮自己的宗教營運問題、未來的因應對策外，我們更應該要為廣大眾生及受苦難的家屬發聲，提供支持的力量與幫助，讓他們感到不會孤單也不寂寞。然而，這一次疫災，受限於政府當局的管控，顯然宗教人的發聲、行動，力道和強度，相較以前弱了許多。為了拯救蒼生，這是我們身為宗教領航人，未來需共同致力與關注的方向。

謝謝大家，　今天的分享就到此結束。

做各類型的祈願，弭平疫災，自我精進

疫情來臨，宗教家要自度度人

無極御令合發宮宮主 陳俞嬑

疫情期間懺悔誦經自度度人（翻攝網路）

此次，讓我們看到很多宗教上的問題。不管是在宗教學理及實務執行，我覺得收穫甚多。於疫情期間，修行人應是社會安定的主要力量，更應該積極面對疫情帶來的苦難。我聽了理教代表，帶領信徒線上上課，頗受感動。

感謝中華玉線玄門真宗，辦理線上講座帶領著大家深入探討宗教家對疫情的回應。讓我們重新思考，彼此交流融合。我想這段期間，宗教人士應該發起，從自我的自度開始，再來自省過去的作為。

在我看來，自度包含自省、懺悔、誦經、迴向、度己及利益眾生。唯有無私奉獻的心、自省懺悔的心、自己甘願面對的心及改正向善的心，或許老天爺就給我們更多的機會。

這五天過程，感謝玄門真宗集合大家的義氣，玄門山用心點燃的「浩然正氣燈」，也讓我們感動及讚嘆！

我想修持必須用心作每個細節。像各教派的掌門、大老，帶領大家一起來個人懺悔、集體懺悔或祈願懺悔，或許得到老天爺的垂憐，退散一些怨氣。

讓老天爺知道，我們這些渺小蒼生虔誠地祈願，在人世間，尚存在很多的善良百姓。在這幾天會議論談中，玄門真宗在談「集義」（集合眾人天地正義之氣），合發宮主神關聖帝君之前提到「合義道」，在我看來，就是希望大家放下「我執」，多做一些利益眾生的事情。

剛剛提到營運的問題，其實在宗教團體組織中，營運只是個名詞。簡單說，領導人要把他的團體帶好，只要能帶動信眾、門生投入共同的目標，可以化解問題。希望在這次學習當中，我感謝大家的分享，也希望大家一起來祈願。

主持人 張家麟教授

在疫情開始時，廟宇的抽籤、擲筊都停止了，但是這是信徒與神溝通的方式，如何在這之中取得平衡點？

宗教自我管理避免成為防疫破口

中央研究院民族學研究所研究員／所長 張珣

剛剛林明華副理事長說得很多，如果杯筊每一次用過都要消毒，那廁所是不是每一次用過都要消毒？我是覺得不需要做到這麼極端。

另外，有的寺廟執事說，你可以來擲筊，但是得自己帶來筊杯。但是我認為，寺廟提供公用的杯筊，也不是多嚴重的問題。

最主要的是，廟方將入廟的信徒分流、分艙，就可避免人群集聚而染疫。因為有些廟宇，面積廣寬，擁有左廂、右廂、左殿、右殿，就可用不同的分流、分艙來保護彼此，也可滿足信眾的信仰需求。此外，廟方也要對筊杯、籤枝定期消毒，問題就可化解。

政府的防疫政策，對各行各業的要求無法面面俱到。剛開始的宗教管制政策比較粗糙，因此，我們宗教界一定要為自己爭取權益。我們讓政府知道，宗教界可以做到如何防疫，而且保證不會成為破口，就可得到政府的善意回應。

疫情期間以宗教管理信徒分流及儀式

疫情期間不停止行善‧修行

台灣省道教會副理事長 林明華

元心地母廟 25 週年慶逢疫災，用佈施慶祝

今天聽到張家麟教授一句話，感覺最重要。就是宗教人士的修行，一天都不能停止，這句話讓我可以跟學生好好的分享。

其實宗教信仰的修行的路上，布施與行善都非常重要。至於宗教神職人員的「濟世救人」，就得靠仙佛無形的指引。

在有形的布施、行善，我們地母廟上個禮拜剛好是 25 週年慶。在週年慶時，遇及颱風，我就把布施的白米挪到這週關聖帝君聖誕時發放。因為地母廟中主神是地母，配侍神是關聖帝君，祂也是我們的啟蒙老師。

祂教育、指導我們修行，得保持善念與善心，修行才有意義。因此，我們每年都在做布施、濟眾的工作。

前幾天電話中與張家麟教授對談，那裡有需要白米，我就送到那裡去。像送到台北市萬華區 1,500 公斤，

救濟低收入戶。今天，送幾百公斤白米到新店，也送到原住民山區部落。

疫情期間，我跟學生無法群聚，為了修行，我就用 line 線上分享修行心得。至於不會使用 line 的年長學生，我就鼓勵他們用毛筆抄寫《道德經》與《地母經》。剛開始，他們有些抗拒，在我鼓勵下，把抄寫經文當作修行的功課，他們現在都可寫出漂亮的書法字。

捐贈數千公斤百米給低收入戶及原住民部落（本頁圖片由元心地母廟提供）

總結 線上講經·論道

中央研究院民族學研究所研究員 / 所長 張珣

在這一次線上聽到各位宗教師、宗教界前輩，大家在疫情期間的經歷，思考分享給我，相當感恩。我覺得現在不能說是「疫情後」，因為疫情還沒結束。可是，在疫情比較緩解的時候，正是我們宗教界發揮力量的時候。可以給民眾、給信徒信心。因為在疫情最艱難時，他們沒辦法修行，而失去信心且內心徬徨不安。現在正是我們宗教界，重新燃起他們信心的時候。我希望大家能夠多舉辦一些線上活動，像線上講經、修道、論壇等，讓信徒能夠參與精進學習。

廟學菁英為疫情政策作建議

高雄師範大學經學研究所副教授 陳韋銓

今天很榮幸參與這個線上會議，聆聽學界及宗教界代表的高見。對於我們宗教人士面對疫情的回應，集思廣益，對政府及宗教界做出政策建議。誠如學界及宗教界代表所言，我們一起來為台灣、全球人類祈福，希望疫情和緩，我們再往前走。我估計宗教家及學者的規劃與建議，將可帶來疫情後的宗教發展。

宗教界向政府反應疫情期間的需求

台灣省道教會副理事長 林明華

　　宗教信仰是人活在世上的核心價值。我希望跟理教胡文中博士倆人，在內政部宗教諮詢委員會開會時，向內政部次長也是防疫中心副指揮官李宗彥建言。希望把宗教界的聲音反應上去，讓他知道我們的需求，也幫助各宗教在疫情期間，得以生存發展。

愛蒼生為各宗教面對疫情的基本態度

理教總公所總執行長 胡文中

　　東方宗教講慈悲，西方宗教講愛，這兩者是跨越時空、各宗教，人類最重要的力量。

　　在歷史時間的長河裡，這一次疫情只是歷次疫情中的一個事件，我們宗教界要坦然面對，未來還有很長的路要走。希望藉由這次活動，各宗教持續融合，互相交流。如同陳立夫先生所說：「敬其所異，愛其所同」。未來，台灣各宗教更要彼此交流，努力為蒼生請命。

跨教線上會議‧利益眾生

中國真佛宗教會總會榮譽理事長 蓮歐上師

　　今天能夠參加這會議，感覺很有意義。此次疫情，讓不同門派、不同宗教代表聚一起，彼此開誠佈公表達意見。因應疫情，宗教界需要更多的資源與協助，發揮共同力量，幫助信眾。非常感謝中華玉線玄門真宗陳桂興教尊，促成此會，讓我學習很多。

廟學菁英‧線上宗教會議‧砥礪學習精進

中華玉線玄門真宗教尊 陳桂興

　　其實我們最大的信念，是希望透過線上宗教論述，來理解彼此意見、你我的困境，對未來的期許。

　　我很感謝諸多學者一起上線和宗教界

討論，不管發表意見的深刻內涵，或是諸多道理，只要我們宗教界認真觀察與學習，就可得知學界真誠的建議。我自己也在五天的會議中和大家一樣，得到了學習和反思。至於未來怎麼做，有什麼想法，還有仰賴學界與教界的持續互動，碰撞出新的理念與火花。最後，感謝張家麟教授這五天，專程到專業錄音室主持線上會議及錄音。

表 5 各宗教疫情期間，因應政府管理宗教之作為

作為	宗教	基督教	道教	佛教	民間宗教	玄門真宗（鸞堂）
配合 政策	關閉寺廟堂	○	○	○	○	○
	暫停儀式	○	○	○	○	○
另謀 出路	線上收驚祭解	-	-	-	-	○
	迎神至三川殿	-	-	-	○	-
慈善 佈施	行善救災	-	○	○	○	-
	線上會議	-	-	-	-	○

疫情期間玄門真宗宗教儀式持續推動安慰信眾

Part 6
宗教領袖對
瘟疫的論述

面對瘟疫・宗教對話包容與理解・集思廣益・

疼惜慰藉與解救蒼生

天德聖教：疫情期間談疾病觀與精神療養的實踐

天德聖教台南市念字聖堂董事長　胡萬新

天德聖教：修練天人炁功

在去年，我們國人還在想著「我們已經進入後疫情時代了」的歡愉氛圍，卻忽略國際仍有諸多人類同胞仍處在疾病痛苦之中，誠如老祖宗有句老話「時運、風水，輪流轉。」，今年五月新冠疫情在臺灣再起，至今在醫療前線人員的努力與各教的祈福下逐漸緩和。但這裏我們要思考一件事，那就是目前全世界許多人因應疾病的方式，都是「治標不治本」，在這裡我們的意思並不是否定每個醫療前線人員的貢獻，而是想分享一則理念，實際上能讓這個醫治效果變得更好，這就是我們天德聖教所倡導的『精神療養』。

這所謂的「精神療養」，在坊間也有人稱為「天人炁功」或「三指神功」，不過對『精神療養』的理解，很多時候只停留在表象，也就是天德門人手伸三指、隔空醫病，看起來就好像是一門巫術或迷信，不過在這裡向各位報告，這可不是一門迷信，早在民國初年，西學東漸，當時歐洲流行所謂「催眠療法」，傳到中國後在北京有些學者提出了「精神治療」的概念，他們的學理依據大概是這樣的，就是說人們在催眠狀態進入到意識深層，透過治療師的引導解決根本的心理問題，進而舒緩身體的病痛。其實這個跟現代心理治療可能有密切的關係，若在場有醫師人員，還希望能給我們賜教。

但我們天德聖教的師尊——蕭昌明大宗師提出的『精神療養』，則與當時流行的觀點不同。怎麼說呢？大宗師在世弘教四十年，常常教導門人「與其給你條魚，不如教導你釣魚。」，這也像是禪門六祖慧能領受

衣缽後對五祖弘忍所言：「迷時師度，悟了自度。」。同樣的， 大宗師在民國十五年（1926）時提出「精神療養學說」時，便是告訴所有人，其實人類一切的病症，並不在外，而是在內。病者，濁也。所以要在自身體內培養出一股「浩然正氣」，才能把體內濁氣排出，這樣反應在人體上的疾病就會慢慢舒緩，甚至病癒。一般人若不解『精神療養』，天德聖教的開導師與諸位門人都秉持 大宗師之命，樂意為眾施行。但施行之後，我們還是會告訴他們要如何培養「剛正之氣」，因為這才是天德聖教『精神療養』的關鍵，若「剛正之氣」不存，『精神療養』則無有長效。

然而啊！大宗師告訴我們「坐而言不如起而行。」，也就是我們要身體力行「廿字真諦、宗旨」、實踐「天德精神與願力」。很多人看到「廿字真言」便會想著：「這二十個字、二十條規矩，很麻煩啊！」。其實不難， 大宗師曾說：「世人只要守廿字中的一兩字，就能成聖。」因此啊！我們要先正視自己的性格，再揀選適合自己的一、兩個字，發願一

輩子努力實踐，這樣就能培養出基本的「正氣」出來。而且若真誠奉行到某一定數，使天上列聖感動，祂們也會把自己的「真炁」灌入我們的體內，以達「炁氣相通」的成效；先不說疾病會不會好，這樣的人本身吉人天相，自然百病不侵。這「廿字」也並非天德聖教所有，這是屬於各宗教各民族的精神資糧，所以在這裡我們鼓勵大家，一起努力實踐廿字精神，讓這個世界的氛圍轉變。我們各宗教人士是世間人的榜樣，若我們這麼一做，必有部分人響應。接著慢慢影響眾人，倘若有那麼一天，全球都奉行這廿字，哪會有疾病與戰爭呢？

教主蕭昌明宗師：培養浩然正氣
（本篇照片翻攝網路）

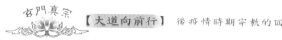

世界基督教統一神靈協會：談地上人與靈人的關係

全球和平聯盟副理事長 陳拓環

世界基督教統一神靈協會經典主張：熱愛和平‧重視家庭道德（本篇照片翻攝網路）

一．地上人與靈人

這世界是撒但的世界，我們必須復歸這個被撒但佔領的世界。各位，你們並不知道自己會在何時告別人世，對不對？可是人終究會死。若不在這地上超越死亡的關卡，建立可以自由往來的根基，就無法在地上建立地上天國；而沒有地上天國，就沒有天上天國。所以，你們一定要建好即使將來去了靈界也能自由地往來於地上界的根基。如此，你才能在地上天國生活，同時也預備了往後可生活的天上天國。

你可不要去了靈界就再也回不

來。然而，若天國沒有在地上建立起來，你就真的不能再回到地上界。這並不是胡言亂語，而是事實。你們做事時一定要心繫永遠，千萬不要像所有的祖先那樣，因為在責任分擔和蕩減條件的問題上未能盡到全責，而無法在靈界行走該走的路，不得不再臨到地上進行蕩減。如果原理聖言所講的都是事實，你們就是不合格的，因為你們無法通過原理的檢驗。（146－223，1986.7.1）

宗教世界的道路與世俗世界的道路之間有一道高牆阻隔著。怎樣才能帶來信仰者與非信仰者之間的和解與

團結，並且使持有不同信仰的人們在終末的時代裡冰釋前嫌、握手言和呢？若不解決這兩個問題，人類勢必要分裂成兩股力量，無法邁向一個統一的新世界。

如果走在這兩條歧路上的人一起進入了同一個世界，一定會造成這個世界分割為二的結果。那並不符合絕對之神的理想，神的理想世界是一個統一的世界，而這兩條路都無法抵達那理想世界。因此，即使解決了眼前所有紛亂複雜的世界性事件，也無法帶來本質上的和平與和解。問題的關鍵在於，如何讓自己成為心體合一並不斷朝向理想的目的跳躍前進的人。

我們必須在自己身上尋找統合宗教與世界的起點。由此觀點即可以明瞭統一教會的使命和宗旨等問題，統一教會不是只為了宗教而存在的宗教。統一教會必須與這個世界攜手，尋求一條可以使宗教活動的基礎與社會活動的基礎相輔相成的道路，並為這世界探求一條通向宗教領域的道路，進而促成世界與宗教的融合。高高的牆壁阻隔在這兩者之間，在宗教與社會走向合一的道路上，從個人、

理事長陳拓寰入玄門山行三獻禮（右一）

家庭、民族、國家、世界乃至靈界均存在著重重的阻隔。

這面牆應該從哪裡開始拆除？故障是從什麼地方開始發生的？它的源頭不是世界，而是個人。個人發生了自我中心的故障，進而導致了心與體的分裂。心與體分裂的結果，就是各自帶著不同的目的各行其道。這裡存在著兩個課題：一是如何使目的歸整為一，二是怎樣讓分裂的心與體重新結合成一體。

神與撒但都很忙碌。一直以來，神為了拯救人類而推動著復歸攝理，同時祂也在指導人類追求真道。相對於此，撒但則在不斷地阻撓神的攝理。站在善方的神以建立一個理想世界為目的，為了讓人類每天都能縮短與這個目的之間的距離，祂每時每刻都在引導人類走在除惡揚善的道路上；然而站在對立立場的惡靈撒但，卻千方百計要讓人類走向與此完全相反的方向。

以一道線、一面牆為界，神說：「不要越過這面牆，你必須往右走！」撒但則說：「你必須向左走！」於是就產生了分裂。人類向右走的結果形成了右翼，向左走的結果形成了左翼。現在，這左翼和右翼正同時面臨著終末的歷史性時代。右翼和左翼所展現的其實就是心與體相爭的結果。

怎樣才能使兩者合一呢？這就是問題之所在。是不是只要國家合一、宗族合一、家庭合一，個人就能順理

本會主張為新人集體結婚行祝福禮

成章地合一呢？不是。合一必須先從個人開始做起。

因此，要將世界的問題暫且放在一邊，先來發動統一個人身心的運動。宗教與現實必須彼此結合起來，共同締造一個沒有矛盾的自我。

然而，這裡存在一個問題，那就是撒但主宰著人類的肉體。撒但的老巢是人的肉身，善神的根據地則是人的心靈，結果就分化出了唯物史觀和唯心史觀；人世間的辭彙都不是憑空出現的。隨著時代性大限的到來，罪人必須坦白承認自己乃是有罪之身，他必須老老實實地交代：「這就是我的真面目。」

我們人類究竟能不能在世界性的舞臺上合而為一呢？這一結果要由善神與撒但在世界性的基準上做一個了斷。只因我們也置身於其中，所以無所知覺，然而在世界性的舞臺上，善神與撒但正在為此而在激烈地交戰。

（140－15，1986.2.1）

二．靈人們在靈界的立場

目前地上界生活著四十億人類，而靈界卻生活著數千億靈人。那麼，這個地上世界與被我們視為主體的靈界是怎樣連在一起的呢？連接這兩個世界的，是否就是我們在地上趨之若鶩的物質、知識或權力呢？答案是否定的。

為什麼呢？因為靈界是超越物質的世界，靈界是超越了知識的世界，同時也超越了時空，因此在那裡，昨

本會牧師主張：男女結婚符合上帝的旨意

接近天使，遠離撒旦

日的喜悅可以成為今日的喜悅，今日的喜悅也可以成為明日的喜悅。

由此可見，那本質的世界並不根據地上界人類所需、所重視的內容而運作。關鍵是要認識到靈界生活中一切價值的核心是什麼？

生活在靈界的每一個人皆屬於靈界社會。靈界也像人世間一樣，有家庭和族群，也有國家和世界。

凡是生活在今日地上世界的人，無論願意與否，死後都要去靈界居住。因此，那裡聚集著自野蠻人到文明人的各個歷史時代中，千狀萬態的人類群像。

自古以來，人類歷史從來就不是一部充滿和平、幸福和理想的歷史。既是如此，去到靈界之後，人們又會如何呢？會得到怎樣的待遇呢？人不可能在去到靈界之後突然判若兩人，俗話說：「江山易改，本性難移。」人與生俱來的性格是很難改變的。

由此可見，去到靈界的靈人體與迄今在地上世界人們的生活樣貌沒什麼兩樣，也不可能發生質的變化。人死時的收穫是與在地上生活時的原貌完全一致的靈人體，靈界所有的靈人體其實就是曾經活在地上之人類的靈人體，所以靈界與今天這個人們生

活的世界沒什麼不同。（141－268，1986.3.2）

至今為止，靈界有很多種類的事工。但那些靈人不能隨心所欲地到這裡動工，因為道路不通。

假如不用宗教搭橋，那麼除了特定的靈人之外，就沒有人可以再臨。就連猶太教也存在著派系，以至於從靈界再臨的時候，它的主流無法一脈相承，只要猶太教中的某個系統獻上精誠，獻上精誠的那一方就會變成主流，主流的位置總是這樣換來換去。

而只有屬於主流的靈人才能從靈界再臨到地上，除此之外的靈人則不能協助再臨的攝理。如此經過一個世紀之後，那人仍要回歸靈界。若他還想再臨，則仍要遵守同樣的原則。因此，除了特定的靈人之外，大多數靈人都無法再臨。

靈界的阻隔變得越來越多，靈界也變得越來越複雜。他們的後代也都得前往靈界，因此他們在靈界也就越聚越多。這些全都是阻塞靈界的障礙。

如今已是世界性的時代，可想而知靈界的情況該是多麼的複雜。試想，一個靈人需要繞多大的圈子，才能再臨到地上來呢？因此，只要時機成熟，我們就要推倒所有的牆，修築一條由靈界降下並進入地上界的道路。這件事將由神所揀選的宗教來完成。（102－29，1978.11.19）

古往今來，所有去靈界的靈人們都處於四分五裂的狀態。在靈界沒有橫向的溝通，縱向的溝通也只達到了某種程度而已。（218－125，1991.7.14）但今日的情況已有了變化．

文鮮明：由神揀選，進入天國

中華儒道研究協會：對後疫情時代的回應與管見

中華儒道研究協會理事長 王祖淼

一、前言

庚子年的COVID-19，至今（110.07.24）全球染疫人數約1.93億，而死亡人數約414萬；而台灣染疫人數15,535，康復人數12,501，死亡人數784，其他治療中，這是人類史上從未有過的紀錄。台灣自5月15日開啟「三級防疫管制」以來，對學校、宗教、旅遊、餐飲、運輸等公共場合，人員進出，多所限制；幸好人民自覺，自動配合，難能可貴。雖然，許多餐旅、門市等內銷產業受到衝擊，但外銷產業卻連續16個月成長，真的是天佑台灣！

尤其可貴的是宗教團體，不僅配合防疫，還主動關心，並參與公益團體及企業界一起購買疫苗，捐贈給政府，讓全民使用；此外，美、日、立陶宛、斯洛伐克、捷克等國亦分別、分次慨捐疫苗給我國，此一患難見真情，深感德不孤、必有鄰，實非虛言。

中華關公信仰研究學會、玄門真宗於此疫情期間，特舉辦網路學術論

壇，邀請各宗教界、學術界、信眾參與討論，其主題：大道向前行：後疫情時期宗教的回應。會中學者專家提供各宗教之學術論述，各寺廟、道場、教會主事者，亦提供各自看法與意見，供政府參考，此一用心，足以彰顯 玉皇大天尊玄靈高上帝關恩師的忠義精神。

二、天災抑或是人禍

首先，我們應對大自然反撲，所造成的災害，應該有所釐清，不能輕率地謂之「天災」；蓋因天「生」萬物，豈會「毀」萬物？天災皆由「人禍」所造。有識者早已提倡要節能減碳，不要為了經濟成長而濫墾濫伐，造成

土石流、洪水氾濫、野火燒山等災難，看了
怵目驚心；如今，拜科技之賜，出現在眼前，
不能不信因果報償法則。

九天玄女：自作孽，不可逭

　　無極護國元君九天玄姆曰：「**上天以好
生為心，豈有生之，而反殺之乎？書曰：『天
作孽，猶可違；自作孽，不可逭。』非天之
欲殺人也，實人自作孽而已。孽者，惡之積
也。　因之，罹刀兵劫、罹水火劫、罹疫癘
劫，不特一身難保，而且子孫貽累。**」（《九
天玄姆治心消孽真經》）豈不是充分說明災
劫起於人禍，人禍由人所生。而人有天生的
「性」與「命」，人的「性」相同，人的
「命」不同。上古時代舜傳禹十六字心法曰：「**人心惟危，道心惟微，惟精惟一，
允執厥中。**」（《尚書·大禹謨》）所以，孔聖針對「道心」相同，而「人心」
不同，開啟了「有教無類」與「因材施教」的教育理念，世人尊稱為「萬世師表」。

　　《九天玄姆治心消孽真經》曰：「**無心者，謂之過；有心者，謂之惡。過
與惡介在幾希？所爭只一間耳。人非聖賢，孰能無過？出一言，而過即伏之，
所以貴守口也；行一事，而過即乘之，所以貴守身也。一言有不及檢，口過由
於不自覺；一事有不及防，身過由於不自知。是則觀過知仁，未嘗不略其跡，
而諒其心。心，果無他，則口即有過，而其心自可白也。心，果不貳，則身即
有過，而其心自可原也。戒慎不睹，恐懼不聞。慎獨工夫，非不於至微至隱處，
深加檢攝。亦謂守口之嚴，持身之密。一出言，而遠口過。一行事，而泯身過。
然此可謂君子道，而非所概於世人也。不必求其無過，而祇求其能寡過。不必
求其寡過，而祇求其能悔過。不必求其悔過，而祇求其能改過。知改過而悔過，
因之知悔過而寡過，因之知寡過而無過，因之由勉幾安，即難求易。**」由此可知，
欲消災去劫，須從人心懺悔改過開始；否則，難以解決。

孔子：天生德於予

三、儒家思想的啟示

　　孔子生於春秋亂世，正是禮樂精神漸告失落的時代，禮樂徒留形式，而實質不存，此禮樂已告僵化，而失去生命。周公制禮作樂，是將周王室的血緣親情，由家族的「親親之情」，推到天下的「尊尊之制」，血緣越親近，名位越尊貴，此由宗法社會而封建政治，各別子小宗的諸侯國，要推尊嫡長子大宗的王室天下。表徵此大一統的客觀禮制是禮樂，而維護此一禮制則有待征伐；所以，孔子說：「**天下有道，則禮樂征伐自天子出；天下無道，則禮樂征伐自諸侯出。**」且《禮記·曲禮上》：「**禮不下庶民，刑不上大夫。**」

　　孔子對時代反省之後，深感外在的禮樂制度仍在，何以禮崩樂壞？原來人心出了問題，欠缺真情實感；因此，創發以「仁」為中心的「義禮之道」。「仁」是內在的價值，「禮」是外在的規範，「義」是「仁」、「禮」之間的價值判斷。《詩經·大雅文王之什》曰：「**儀刑文王，萬邦作孚。**」要文王為萬邦的典範。此「天命」是「人格主宰之天」（上帝）的命令，「天」有意志，主賞罰，屬於「宗教天」的範疇，其後，「天命」逐漸下及諸侯、卿大夫，此反映政權逐步下落的客觀事實。到了孔子之時，諸侯、卿大夫亦已衰微，不再能擔負老天所託付的使命，而要由「士」去擔負起來，故有「士以天下為己任」的心胸抱負。孔子有「天命在我」的使命自覺；所以說：「**天生德於予，桓魋其如予何！**」（《論語·述而篇22》）又曰：「**天何言哉？四時行焉，百物生焉，天何言哉！**」（《論語·陽貨篇19》）此「天」是「形上理則之天」，「天」無意志，主合理，屬於「哲學天」的範疇。

　　「宗教天」是上帝「創生」的「生」，上帝在人之外，是「斷隔的天人關

三清道祖：上德不德，是以有德

「係」；「哲學天」是天道「理生」的「生」，將「斷隔的天人關係」接續上了。孔子將「天人關係」由外在發生關聯，轉為內在本質關聯。「人格主宰之天」的天命，是「天」在人生命之外發命令；「形上理則之天」的天道，是「天」生的「德」在人生命之內自我覺醒的表現，這在人類思想史上的一大飛躍。所以，朱熹夫子曰：「**天不生仲尼，萬古如長夜。**」

「天生德於予」的「德」，是內在的「德性」，行出來的是「德行」；所以，子曰：「**志於道，據於德，依於仁，游於藝**」（《論語·述而篇6》）這句話可當作《論語》思想的總綱目。「志於道」是讀書人立志走一條

效法「天道」的價值之路，「據於德」是它的根據在於「天生德於予」的「德性」，「依於仁」的「仁」就是「**仁遠乎哉？我欲仁，斯仁至矣**」（《論語·述而篇29》）的「仁」，此「仁」不是在外的，而是內在的「德性」，故「仁心」是超越的「天」，內在於人身上的「德」；所以，「德」是「道心惟微」，看不見、摸不著。而「仁心」是內在的不安感，是人與禽獸最大的差異，不安求安是自覺，自覺是道德的動力；因此，道德才有普遍性與必然性。

如何喚醒此不安的「仁心」（道心、天心）？子曰：「**弟子入則孝，出則弟，謹而信，汎愛眾，而親仁。**

行有餘力，則以學文。」（《論語·述而篇6》）童蒙子弟在家知道孝敬父母，出外就知道尊敬長上，謹言慎行，且言而有信，愛人如己，才能與人為善，這樣才能心安理得。把做人處事、待人接物學會之後，再依不同的才情、氣質等性向，學習一技之長的謀生之道。有子曰：「**其為人也孝弟，而好犯上者，鮮矣。不好犯上，而好作亂者，未之有也。君子務本，本立而道生。孝弟也者，其為仁之本與？**」（《論語·學而篇2》）有子說：懂得孝敬父母，友愛兄弟的人，而會冒犯長輩，這樣的人很少啊！不會冒犯長輩，而會為非作歹，這樣的人不會有啊！君子從做人之道開始，懂得待人接物之道，才能行走人間。孝敬父母、友愛兄弟，是行仁之本。子曰：「**為仁由己，而由人乎哉？**」（《論語·顏淵篇1》）不安求安靠自我反省，那裡是靠他人呢？由此可知，儒家從孝弟之道著手，掘發人的不安之心！

四、道家思想的洞見

到了戰國時代，天下越來越亂，原來是用「人心」當家，未能以「道心」作主；所以，整部《道德經》的義理，都是從「**反者，道之動；弱者，道之用。天下萬物生於有，有生於無。**」（《道德經·第40章》）來探討天地、萬物、人生等問題。「反」，是回到「復歸於無極」、「復歸於樸」、「復歸於嬰兒」，此「有生於無」是天道的生成原理；「弱」是沖虛、放下是「無了才有」，此是天道的生成作用，亦是人間的修養工夫。

儒家講「聖智仁義」，道家說「絕聖棄智」、「絕仁棄義」（《道德經·第19章》）；儒家從「天心」（道心惟微）講「仁心、義理」，道家從「成心」（人心惟危）講回到「天真、本德」復歸於嬰兒。儒家的「天心」是「同理心」當家；所以，有心是善。道家的「成心」是「執著心」做主；所以，無心是善。無心不是沒有「同理心」，而是放下「執著心」，儒道兩家恰似「一陰一陽」的「道」；所以，中華文化是天道文化。

《道德經》分上下兩篇，上篇講〈道經〉，開宗明義曰：「**道可道，非常道。**」（《第1章》）「道」看不見、摸不著，每個人所理解、體悟

的「道」，只是部分，不是整全；所以，謂之「非常道」。「名可名，非常名。」因為「道」是抽象，不是具體；所以，每個人所描述、言說的內容都是部分，謂之「可名」，不是「全部」；所以，謂之「非常名」，不要自以為是。

《道德經》下篇講〈德經〉，開宗明義曰：「**上德不德，是以有德；下德不失德，是以無德。**」（《第38章》）「上德」，第一等人；「不德」，不是沒有德性，而是放下自我的高貴、傲慢，而是謙虛、不自以為是；所以，「是以有德」，這樣才是有德性的人。「下德」，最下一等人，「不失德」，做了一點好事，就怕別人不知道；因此，「是以無德」，這樣才是沒有德性的人。

老子曰：「**天地不仁，以萬物為芻狗。聖人不仁，以百姓為芻狗。**」（《道德經·第5章》）「不仁」，不是沒有仁心，而是放下「愛人」的自我高貴，天地「生」萬物，好比父母「生」兒女，歡喜做、甘願做，無怨無悔、任勞任怨。「芻狗」，是草紮的狗，祭祀完了讓它回到大自然，有如戰士「解甲歸田」，自在自得。那裡是天地沒有良心，把萬物當走狗一般，用完就丟了？「聖人不仁」，聖人無心自然，讓百姓活得自在自得；此即是「百姓皆謂：我自然」（《道德經·第17章》）

五、結語

大家把焦點集中在「新冠病毒」與「宗教」上面，通過各宗教的修持觀，如基督教的懺悔觀、代罪羔羊觀；道教的修行觀、斬妖除魔、持咒畫符等；民間信仰把瘟疫當作屬鬼，燒王船或請神明遶境來驅瘟。

庚子年「COVID-19病毒」讓世人驚恐不已，既使注射了疫苗，仍然無法避免再度染疫；如今又有「Delta變種病毒」，靠疫苗根本無法解決。由此可知，人類用「以毒攻毒」的思維，無法解決疫災，惟有反省、懺悔，生活正常、吃的素淨、心存善念、民胞物與，既使「病毒」入侵，亦可靠自身的免疫力而產生抗體。

當今網路發達，數位科技輕易變造圖像，而產生假資訊氾濫，再加上，媒體不是報導新聞，而是用「主

「觀」的立場來評論新聞，此皆是「人心」當家，不是「天心」做主，如何「解讀」（毒）而不受其影響？惟有效法孔夫子：「**不怨天，不尤人**」（《論語·憲問篇37章》）才不會自以為是，而「輪迴」不已，輪迴不是死了再投胎，而是重蹈覆轍；因此，還要有孟夫子：「**行有不得，反求諸己**」（《孟子·離婁篇上》）的修養；同時，要有「**見賢思齊焉，見不賢內自省也**」（《論語·里仁篇17章》），是用「客觀」的態度看人間百態，才不會陷入「喝咖啡、聊是非」的境地！

文衡聖帝恩師聖示：「**人有運際起伏，繫於流年，流年繫於命格，命格繫於因果，因果解於功德，功德立基心性。是以欲求末者運順，必先求本者心性，此謂知所先後，則近道矣！莫遇困境而亂了方寸，自思行功了願幾分，道程宜再精勉，時運隨心翻身，悟不出五行受困，悟得出苦盡甘來。**」（〈此聖藻取自護國九天宮忠孝堂之聖卡〉）關恩師所教導的心法：「必先求本者心性，此謂知所先後，則近道矣」，亦即是從「道心」

下手，才能把吃苦當吃補。

綜上所述，人有「性」與「命」，「性」是天所賜的「德性心」，儒曰仁心、良心，道曰天真、本德，人人相同；而「命」是自己的才情、氣質，「才」有高低，「氣」有清濁，此「人心」人人不同，各如其面。《易傳》曰：「**形而上者謂之道，形而下者謂之器。**」形，是形軀；形軀受「心」牽引。而，當「往」字解，人生的道路不是東南西北，而是上、下兩途；往上效法天道生生之德，往下悖離天道生成原理。如何行走人間而不受「病毒」影響？唯有天心、道心當家，才能產生正能量；反之，如果人心、成心作主，無法產生浩然正氣，如何能抵擋外來各式各樣的「病毒」？

無極御令合發宮：對疫情期間政府管制宗教的回應

無極御令合發宮宮主 陳俞嬉

感恩中華玉線玄門真宗教會 玄靈高上帝降頒指示 由 陳桂興教尊帶領團隊主辦本次〈慶讚聖壽 關公門徒共祈願〉活動，義集浩然之氣〈大道向前行〉為弭平台灣瘟災祈福！

廣邀宗教界、學術界有義人士共同研議：如何讓宗教成為社會一股安定的力量及各宗派研法如何除疫、應變疫情應如何營運……等，與會前賢精闢表達關帝精神，慈悲正義說明甚為精彩！

各方仙佛早有指示，人心不古惡類多多，人不照天理，天就不照甲子；瘟疫災臨、、盼眾生能醒悟改正！

無極御令合發宮 文衡聖帝指示自甲午（102）年起三界盤整重要時期盼眾人行功立德造福不造過，化解累世冤愆因緣。瘟疫肆虐，不是天要來收恁，是恁自己要來教訓好自己！

眾人應發願發心、懺悔修正、甘願面對、無私奉獻，若是再不回頭 再不改變眾神無法救渡！因緣自作自受應面對、處理、圓滿，現在是統整重要時期中再不改過，不是天要滅恁， 是自己過去所做的不善行為要收了恁，既然是上天的孩兒豈有不疼惜，上天愛惜萬民的心絕對是大智大慧是恁不知義！

老子曾說：「天之道，利而不害；聖人之道，為而不爭」這場瘟疫「看不見的敵人」讓整個世界停擺，不須一顆子彈，

無極御令合發宮師兄姐問候大家

無聲的戰爭，經濟震盪，民不聊生，死傷一片。「人身是寄蜉蝣於天地，渺滄海之一粟」人身渺小，生命短暫呀！比爾蓋茲說新冠病毒疫情對人類而言是"偉大的糾錯"地球村生活鏈效應，我們的命運都是聯在一起的。新型冠狀病毒肆虐全世界，電視新聞畫面裡，太多讓無數人驚慌、憤怒、無奈、悲痛、不捨內容。疫情衝擊下，不能改變環境，可以控制心情，太多的生活習慣會改變。我們應該靜思上天要我們集體學習的功課意義為何？

生命有限人生無常，在病毒面前，人都是平等的，財富雖重要，健康更珍貴！

雖然我們暫時受到不方便、壓力，但是世界上有很多人無法選擇生命，一生都無奈接受不方便、壓力；良善的我們應學會感恩、惜福、尊重、關愛、無私奉獻，〈福是作來不是求來〉〈天助神助人必先自助〉〈人為善，福雖未至，禍已遠離〉〈萬法唯心造，禍福一念間〉命運掌握在我們自己手中，希望生活在台灣寶島上的兄弟姐妹們都能在危難驚恐中保持善良堅定道心精進學習，衷心建議力行修持。

力行修持
⇩

自渡六步驟：
自懺誦迴利渡
省悔經向眾己

真心實作
⇩

發些懺悔意，化解眾冤愆
多感恩真惜，因為皆因緣
善解就無事，改善大局勢
願世界災散，過錯我懺起

瘟疫猖獗夙怨迭起
私慾叢生三毒所致
因果結算執念討報
人間煉獄世間顯化

應自懺誦迴利渡勤
發省悔經向眾己心
願心誠持冤怨化解
力行善解消彌累愆

人皆如此必得神佑
倫理綱常安身立命
重心律己善解因緣建功
立德上報天恩

治世寶筏
道風起 民心修 士可為 忠義事
集善良 正亂象 守綱紀 重倫理
道德遍 民風善 幼有長 壯有用
老有依 終無礙 人一生 自然安

天帝教：疫情與誦經、修持的關係

中華天帝教總會副理長 沈明昌

天帝教主張：「心意念慾，寡簡清潔」

前言

人們在形容世局或社會的亂象時，常會說：「世風日下，人心不古以」，以表示現代人的心思雜亂，甚至險惡。《論語・泰伯》子曰：「**大哉！堯之為君也。巍巍乎，唯天為大，唯堯則之。蕩蕩乎，民無能名焉。巍巍乎，其有成功也。煥乎，其有文章。**」

天帝教《天人日誦大同真經》對於古代的理想社會的描述是：

云復帝師：「**人塵三代之治，盛赫穆汋，而純修與？**」教主曰：「**三代堯舜，菈躬芸生，心意念慾，寡簡清潔，日暮作息，哺鼓是足，疏博人地，其治亦易。是惟愚眾，而智惠施，紀創視神明之舉，若若而盛焉。勿赫勿兆，性繼增誘，**

189

妄伸生過，神睿莫安，遴類日嚴，何甄何域，兼心百備。」

人間堯舜時代的治理，民風純樸，百姓致力於修養自身，所以欲望潔淨、思想樸素。在生活起居方面，日出而作，日落而息，鼓腹為足，而且地廣人稀，容易治理。但後世的領導人，並不以此為滿足，競相以炫耀智慧為尚，物質文明愈發興盛。導致物質文明迷惑了人們的心志，繼而本性迷失，妄念叢生，扼殺天年。更甚者，人際之間勾心鬥角，日益嚴重，惶惶不可終日，因而只能以戒心、冷漠面對外在的人、事、物。

世界各大宗教的末劫觀、末世觀，基本上也是循此脈絡衍生：自天開地闢，大道景春，惟人一落後天，由渾噩而漸至明，日為物慾薰染，慾望日熾，而結數萬餘年之孽，而疫情的產生則是上天降下災劫的型態之一。但是，天帝教也認為病毒也是芸芸眾生、十大天人之一，疫情發生是人類破壞了大自然生生不息的循環，所造成的結果，從地球空氣汙染減少、各種動植物在此次疫情之下，

第一代掌門人李玉偕：三代堯舜，菩躬芸生（翻攝網路）

得以休息、生養可見一斑。

疫情與誦經、共修的關係

不論個人的「順之生人，逆修成仙」鍛鍊修持；抑或是社會人心的整體淨化的道德重整、精神文明重建，也是宗教返本還原重建理想社會、世界大同，乃至宗教大同的方法、途徑之一。

經者，徑也，如同指月之手；《黃帝內經》又云：「**正氣存內，邪不可干**」。人們藉由誦經的行為，保持恭敬心、寧靜、醒覺、清淨等等心，誦讀仙佛、上聖高真的智慧語錄得以了解宇宙大道，更回歸認識自我、本心，當下安頓身心靈，心氣平和，身心靈得以統整，天人合一；在生理方面，當人體臟腑功能正常，正氣旺盛，氣血充盈流暢，外邪難侵，內邪難生，自我免疫力也提升了，就不會發生疾病。

天帝教的《天人親和真經》：「**是人之體，感於其正，其氣發而至剛，出其玄門，與天同真**」。人若是一心純正，其至大至剛的能量從玄門而出，立時可與天地間的正氣能量、上聖高真全然相應。《北斗徵祥真經》：「**善繼正氣，**

黃帝：正氣存內，邪不可干

北斗：繼正氣，引聖凡，和天人

孔子：巍巍乎，唯天為大

第二代掌門人李子弋：宗教大同，天下太平（翻攝網路）

以引聖凡，以和天人」。個人的心善、行善，自然可以接引天地正氣，引來天人兩界的護佑；於無形上得到上聖高真加持，在有形人間則是逢貴人相助。

共修的意涵：一生一祥，芸生凝祥

天帝教的《大同真經》指出，欲使世界臻於和平之境，最主要的還是要以每個人都致力於修養為基礎。「**心清務慾潔，氣清務心潔。繩準其慾，規方其心，長存其輕清之氣，昇鴻於天。一生一祥，芸生凝祥，維於四極，繼於宇宙，無志之氣不生，劫亂焉萌。是斯者，可云清寧，可進大同。**」

致力於個人修養者，是處理好心靈層面的問題，個人慾望潔淨與否，是修持成敗的先決要件。一個人若有很好的修養，不僅可以及於四鄰，更能影響自然界的運化，這與〈大學〉的修齊治平的程序相符。此時，不只天地按其常軌運行，人類也都能發其仁心，世界上所有的民族無強弱之別，其性泊然安靜，沒有兼併他人的慾望。世界上自然不再有紛擾擾，劫紛亂象自然可以澄清、淨化。

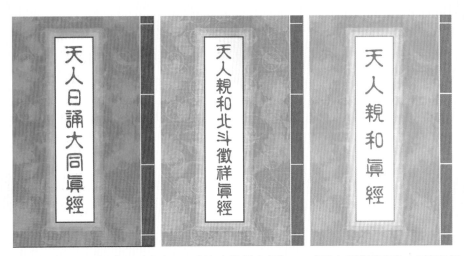

常誦《天人日誦大同真經》、《北斗徵祥真經》、《天人親和真經》以養正氣

結語—視家為教，覺世興仁

百年大疫持續肆虐，卻也啟發世人：人類與自然、人類與病毒之間不分國界，人類是一個命運共同體。由於全球各國文化背景、民族性的差異，而有「封城防疫」與「佛系療法」之分，然共同的目的都是為終結這一波危機，是人類不分畛域、民族的共同心聲與祈願。疫情無國界，全球一家，經濟與資源一體兩面，相互依存；人類一切資源包括新冠疫苗等資源，應互利互惠，才能共生共榮[1]。

宗教修持在於人在四大假合、成住壞空的自然循環下的生死超脫與身心靈安頓；宗教徒更需要發揮終極關懷，推己及人，以小我的正氣能量普及眾生。自然界的相互衝突、相互剋制的行劫是人類進化的必然過程；而相互生成的救劫關懷，則是人類進化的動力。是故，聖人知自然之道不可違，因而制之。

自二〇二〇年開始的全球性疫情，人類應有的省思有二：對未知之恐懼、以人為大之錯覺。萬物變異、變化皆有其理，變異由少而多、和而同；變化由多至少，至同而名化。自然演化相續之理，以萬物相存相繼一同視之，對未知可轉化成敬畏，有敬誠有德，心寬平坦和順，心平德和乃修煉之法，情志平，

1 請參照庚子年十二月廿六日辰時先天一炁金玄子聖訓 https://member.tienti.org/sacredinstruction/110-080-041/、庚子年十二月廿三日未時太虛子聖訓 https://member.tienti.org/sacredinstruction/110-067/，擷取日期：2022.7.26。

不隨心物而變，氣充亦無所擾動，聽之自然運化，乃心平氣和[2]。

　　今（2021）年5月疫情爆發，各宗教積極配合政府三級警戒措施，道場不能去了，天帝教徒視家為教，以家中靜、淨室為道場的延伸—心靈光殿[3]、心靈道場。心靈定靜、安然，家又何嘗不是道場呢？心才是真正的道場！在此關鍵時刻，不也是宗教徒驗收自我修持的成果嗎？危機是契機、轉機與良機，請將外放浮躁的心，回到靈性的深處，在家的道場閉心靈關！另一方面，天帝教今年的修持主題也延續去（2020）年核心—覺世興仁，呼籲大家自我覺察，由外而內，內省自我，回歸「仁」的本心本性，以合天心；再由內而外，建構「仁」的祥和世界。

常唸廿字真言養天地正氣

2　請參照辛丑年六月八日酉時　雲龍至聖聖訓 https://member.tienti.org/sacredinstruction/110-263/，擷取日期：2022.7.26。

3　請參照天帝教光理首席使者 2020/04/13、2021/05/28 講話原稿 https://reurl.cc/Nrg7xm，https://reurl.cc/0jGrak，擷取日期：2022.7.26。

理教：以宗教宇宙觀、生命觀、科學觀因應疫情

理教總公所總執行長 胡文中

理教以聖宗古佛為師

很榮幸代表理教總公所第 25 代教宗理天心大宗師，發表理教對這次管制宗教界的影響以及宗教界如何因應發表一些淺見。

這次疫情的爆發引起全球性的恐慌，及全球性的經濟衝擊。以宗教的角度來看，這是全體人類的共業，什麼樣的果必定有什麼樣的因。所謂貪心一起，水災氾濫；嗔心一起，天搖地動；癡心一起，疫情肆虐。除了疫情、地震、水災頻繁，乃至氣候暖化，造成的種種危機。代表了人類集體的貪、嗔、癡，已經造成大自然的反撲。

在這時刻，或許人類才能痛定思痛，徹底醒悟，而宗教正是發揮影響力的最佳時機。

宗教涵蓋了「宇宙觀」、「生命觀」、「科學觀」。「宇宙觀」教導人們，用宏觀的角度，看待這個世界。「生命觀」教導我們尊重生命包含萬物，萬物一切皆有靈。「科學觀」告訴人們宗教與科學的融合；因為，科學對人類、萬物、宇宙的發現不到百分之五，遠超越了人類所理解的範圍。由此看來，宗教是海納百川的中和大道。可惜的是世人能在其中獲得

寶藏者，微乎其微。

相信宗教的人當中，有許多人只是求神明保佑平安及諸事順遂，而不相信宗教的人覺得宗教只是迷信。這樣的情況下，宗教無法發揮其應有的影響力。宗教實際上要給人們是正確的宇宙觀、生命觀及科學觀，如果沒有從最源頭的觀念改變，所有的因應措施只是引鴆止渴，就算躲過這次疫情，仍然要面對下一波或者是其他的水火刀兵劫。除非人類真正記取教訓，並且將改變付諸於行動。

面對已經爆發的疫情，我們除了配合政府防疫措施，避免疫情擴

散之外，宗教界也要積極面對人對的共業。特別感謝主辦單位結合不同宗教團體、學者，一同發揮宗教界的影響而努力，宗教界可以做的是，一是為法界祈福，用慈悲、愛的正能量，送往者到極樂淨土，讓生者平安度過這場災劫。而根本的宗教教育，足以教導迷途的世人，找回讓身心靈平衡圓滿的方法，與其他萬物和平共存之道，以及了解人生幸福快樂的真實意義等。

因應這次疫情禁止群眾的規定，理教總公所的上課、法會都採線上進行。與時俱進是世界的潮流，也是我

理教教宗理天心在疫情期間線上上課及辦理法會（翻攝網路）

理教法壇 （翻攝網路）

們各宗教界一起努力的課題，這方面還要將玉線玄門真宗教會多多學習。

宗教的天職就是弘法立身，不是消極出世。所以這次非常感謝主辦單位舉辦這次很有意義的活動，讓我們宗教界可以一同為疫情來發聲，也藉由這次活動再次促成不同宗教，乃至學界，我們可以互相交流，所以這是一個很棒的活動。

個人覺得政府可以協助宗教，不管是學者、宗教界都說得非常好，個人對政府有兩項建議：第一，加速落實對宗教界的補助款；第二，加速宗教界執事的疫苗施打，這兩個應該是對我們宗教界有實質幫助的地方。

另外，關於這次本教因應疫情的作為：理教是綜合儒、釋、道三家之學為一理，集千聖之傳以立教，所以非常重視宗教教育。2020 年的時候理教有成立中華聖禮書院，在疫情之前我們是藉由實體面對面的教育來上課。在疫情到來時，我們也開始採取線上授課，一週有四堂課，在每次結束時，帶著大家一起祈禱。祈求疫情早日平息，亡者得生淨土，生者平安健康。當然在線上連線與 3C 使用方面，我們還要多多跟主辦單位中華玉線玄門真宗學習。

最後，理教總公所祝福所有與會的宗教界先進們和學界教授們，平安健康教務昌隆，謝謝！

真佛宗：無緣大慈・同體大悲・因應疫情

中國真佛宗教會總會榮譽理事長 / 上師 蓮歐

雷藏寺在疫情期間配合政府，暫停法會 （翻攝網路）

感謝主辦單位在這一段的疫情嚴峻的期間裡，不曾停下腳步，想方設法突破時空的限制，。利用網路把全台灣的許多宮廟、道場、教派連結在一起，一起為台灣這塊土地，也為世界祈福；充分發揮「無緣大慈」、「同體大悲」的宗教情懷。為疫情所困的宮廟、道場與廣大的受苦大眾，注入一股暖流。

相信在兩年之前，全世界的人都不曾想像過一場COVID-19新冠肺炎，把世界搞得如此大亂。封城鎖國，經濟活動幾乎停止，民不聊生，人際關係嚴重扭曲疏離。宗教活動被迫限縮或停止，面對突如其來的災劫，人人自危，束手無策。萬物之靈面對無常，終究也是無可奈何。

本宗在全世界大大小小的道場500多座，創辦人蓮生活佛每年11月至5月有半年的時間在台灣弘法。每星期六在草屯雷藏寺舉辦的萬人大法會，世界各地尤其是東南亞地區的弟子，都會按時程各地匯集到草屯參加法會，去年蓮生活佛告知將無法回到台灣。現在回想起來好像冥冥之中，預告了將有大事發生。

疫情發生的第一時間,本宗最高行政單位發布通告,要全世界所有道場恪遵當地政府相關防疫規定,不可擅自舉辦法會,以免造成防疫破口,讓社會大眾對宗派產生的負面觀感。蓮生活佛更親自加持防疫包,提供給所有的信眾。

疫情發生之後,各國相繼封城鎖國,人員的移動停止,道場的法務活動幾乎停擺。在密教,傳承的加持非常重要,為了安頓所有的弟子惶恐不安的心,依蓮生活佛指示,以網路直播每天星期的法會及共修,透過網路把同門的心串連在一起。

讓所有弟子惶惑不安的心,得到撫慰。並透過網路持誦防瘟疫的〈度母心咒〉,迴向瘟疫退散,國泰民安,風調雨順。

疫情終會過去,黎明終將到來。一場突如其來的瘟疫,雖然讓各行各業損失慘重,山河變色。但也讓我們見識了無常的威力,讓我們學會謙卑。疫情過後,百廢待舉,受傷的心靈即待重整。這是所有宗教家們嚴肅的課題,但願善的種子佈滿世間,得以不斷的成長茁壯,但願人間苦難消除,謝謝大家,阿彌陀佛。

今天能夠參加這會議,感覺很有意義。此次疫情,讓不同門派、不同宗教代表聚一起,彼此開誠佈公表達意見。因應疫情,宗教界需要更多的資源與協助,發揮共同力量,幫助信眾。非常感謝中華玉線玄門真宗陳桂興教尊,促成此會,讓我學習很多。

雷藏寺供奉蓮生活佛及諸天神佛

關公文化與中華文明

中華道教關聖帝君弘道協會總會長　吳光雄

特別感謝台灣地區各關聖帝君會員宮廟面對此次疫情，同舟共濟、共體時艱來配合防疫的政策，使我們更團結、互信、包容一同克服難關，信仰就是堅強的力量，不管發生多大的事，關聖帝君一定永遠在身邊守護大家。

相信兩岸很快就能消弭瘟疫，人民安居樂業！待疫情回復正常後我們仍必須深耕，一步一腳印，繼續發揚關帝文化精神，期盼各區關帝廟先進前輩，攜手一起來共同打拼開拓，吸引更多優質關帝廟加入．以利幫廣大信眾加持祈福，早日脫離疫情威脅氛圍。

「儒稱聖，釋稱佛，道稱天尊，三教盡皈依。式瞻廟貌長新，無人不肅然起敬；漢封侯，宋封王，明封大帝，歷朝加尊號。矧是神功卓著，真所謂盪乎難名。」

基於時代進步，資訊發達，東西文化迅速融合，使得社會缺少正義、缺少浩然正氣，普遍只談利害沒有是

法關帝精神

非，為期喚醒世人重視倫理道德，教育新時代的正確價值觀念，匡正社會風氣。

今天我們將關帝忠義文化遍佈華人居住的世界各地，就算是離開漢字文化圈的範圍，在歐、美各洲，無論是英國、美國等國家，可以說只要有華人的地區，就有關帝文化的流傳。其信仰階層遍及儒釋道三教信眾，以及一般普羅大眾，無論是各行各業，關帝忠義精神均有一定的重要性存

在。關帝文化所包含著提倡三綱五常、四維八德，對社會在倫理道德教育上厥功甚偉；亦可讚稱為當今社會安定、人心教化重要的泉源，甚至遠括至國際和諧、世界大同之影響。

商界裡，「義」和「利」的關係最為棘手，自古商人都敬拜關公，首先看重的就是關公的千秋忠義，以「義」制「利」，「義」高於「利」。再者看重的便是關公的「誠信」，這是經商最根本的法寶。現在人們把關公做為財神，守護神，依重的還是他的誠信。試想誰願意把門戶的守候交給沒有誠信的人。

由於現今科技的進步，資訊的發達無遠弗界，也導致人心丕變，不忠不孝不仁不義的現象充斥，有心人士為求個人利益，以生化科技研發破壞生態環境，透過網路製造反社會現象，為奪財產有殺兄弟弒父母，年輕人的叛逆行為與毒品氾濫殘害身心等所造成犯罪案件與日俱增，有些地區政客更以騙取選民支持而以似是而非的言論混淆固有中華文化，甚至假宗教之名使用恐怖攻擊手段造成動盪不安的行為，這些令人髮指的行為都遠遠超過東漢末年的混亂！為期使端正社會風氣，消彌亂象與喚起固有優良道統，進而促進世界和平，我們應結合大家共同信仰，匯為導正思想的正能量來撥亂反正！

如果大家都能體會關帝忠義仁勇、倫常八德的體現，由個人的「格物、致知、誠意、正心、修身」到「齊家、治國、平天下」，這是一套完整中華文化哲學心法之所在，則能創建優質文明的價值。所以，我們今後應結合海內外關帝信仰的人們，提升關公文化素養，由個人教育到學校教育並融合社會教育，以3C的科技產業來推動關帝文化發展！

「人生有兩件事不能等，一是孝順，二是行善」。百善孝為先，要行善，請先孝順父母。《孝經》開宗明義章曰：「**身體髮膚，受之父母，不敢毀傷，孝之始也；立身行道，揚名於後世，以顯父母，孝之終也。夫孝，始於事親，中於事君，終於立身**」。

祝兩岸全體關聖帝君宮廟

闔家平安 福慧雙修、吉祥如意

基督宗教的「天職觀」與佛教、道教的「修行觀」
中華桃園明聖經推廣協會理事長　黃國彰

在當前瘟疫流行時，有何作用？

天職觀是基督教徒在遵循「上帝要我們管理世界」的命令時，改革歸正天主教的世界觀後，在近三百年實踐中管理世界的理念。「天職」描述人們不是要以苦修、超越世俗道德的禁慾主義方式來追求上帝的應許，反而應該在俗世中，完成個人在其所處職業位置上的工作責任和義務。上帝應許的唯一生存方式，不是要人們以苦修的禁慾主義超越世俗道德，而是要人完成個人在現世裡所處地位賦予他的責任和義務，這是他的天職。這種禁慾主義行為意味著人的整個一生必須與上帝的意志保持理性的一致，而且這種禁慾主義再也不是一種不堪承受的負擔，而是每一個確信拯救的人都可以做到的事情。與自然生活不同的聖徒們的宗教生活再也不是在離開塵世的修道院裡度過，而是在塵世及其各種機構裡度過。

簡單來說，天職觀具有人世禁慾的性質，而且這種人世禁慾為了獲得上帝的恩寵，必須完全採取理性的方式。在疫情蔓延全世界的嚴峻時期，透過責任與義務的完成，同時結合宗教信仰的洗禮並獲得垂憐，對西方人種而言，不失為一種中庸而且平和保護自己的一種方法。

佛教的修行觀是指不斷修正身口意的行為，使達到和經論上所描述的無顛倒夢想、無憂怖罣礙，並且具

法耶穌基督的天職觀

法佛陀的慈悲觀

足解脫與大悲的證德。修行者必須繼續探索內心世界，更深入體察人生的意義為何；進一步說，佛教的修行、高級的禪修，形式和內容儘管多采多姿，無非是以認識自己、看破人生為其目的而做的安排。一心向佛的人如果能持續地減少俗緣，讓自己閒靜下來，以醞釀思緒沈思靜慮人生，那麼他可說是善於修行的人，他在般若智的路上已踏出平穩的第一步。任何修行有成具足智慧的人，實乃皆出自對人生意義的深思熟慮和對生命真相的洞知灼見，一個不了解自己、尚未看破世事的人，是不可能真的信佛皈依佛，也不可能真的有出離之志的。一個不急於修行而繼續深入思考人生的人，他只要減少外緣讓自己盡量清閒，同時任由意念奔馳，無意施予任何機械式、技術性的整治，唯是在心裏生起困惑矛盾時，反覆地援引佛經上的道理以和現實人生的種種境緣並列對照，靜靜地沈思，細細地考察，如此他對人生的感悟將會越來越親切。

　　嚴格地說，佛教所謂的修行以增強內省觀照力，其目的乃是為了解

法關帝的正氣觀

脫，也就是看破人生放下塵緣俗慮。一個人唯有在認知上已先確定生命方向人生意義，接著的修定和誦讀佛經才會在解脫道上對他產生巨大的影響力。對於疫情的傳播而言，佛教的修行觀可以幫助修行者解除恐懼，放下塵世的執著，如此在面對未知病毒的挑戰上，相對能夠更平心靜氣地去放下、處理、接受、面對。

道教的修行觀在於從「修」這個字來說；就是修正自己，從修正自己的身、心、言、行，先做起。而「行」這個字顧名思義就是「身體力行」的

意思，也就是要實際去做，而不只是知道而已，是要將知道或所獲得的領悟，實際的在落實在自己的身上，要真的去做，實際的去付諸行動，而不只是口頭上說知道而已。修行就是要實際去修正自己的身心言行，那就必須要先學著去「了解你自己」，你要看到你真實的樣子，清清楚楚的知道你的為人，你的想法跟你所有的行為背後真的動機跟原因，就是要學著真正的看清楚、看透你自己，這是修行的第一步。當你開始學會去真正認識、了解你自己，懂得花時間、花心

思在自己的身上，去聆聽自己心裡的聲音，去真實的了解，懂你自己，才能從根本來解決事情，也才可以培養自我反省的能力。這樣才真正有辦法也願意去修正自己的錯誤，這才是修行。要懂得時時刻刻去對自己下功夫，這就是修行的初步概念。

總的來說，修行是一輩子的事，在疫情流行的當下，我們應該透過每一次的突發事件，來歷練我們的心，讓我們可以一步一步學習對生活中的每件事情看淡，懂得如何割捨。當阻礙變少了，自然可以走得比較遠，走得比較輕鬆，這正是修行的真正利益自己的地方。同時透過修行進行自救，察覺自己造的因果、所形成的業，自己才懂得去化解，也才不會受病毒影響而苦。

綜合中外三大宗教的修行觀念，在疫情蔓延於世界各地的同時，我們應該要有的觀念，便是以理性的態度完成自己的人世間的責任與義務，同時避免造業與因果累積的不良循環，最後透過內省與觀照，讓自己無論碰到任何狀況，都能夠面對、接受、處理、乃至於最後的放下。

從三教祖師爺學智慧，面對瘟疫

代天巡狩：驅瘟與降瘟

基隆代天宮常務監事 藍德俊

屏東東港東隆宮大牌樓

代天巡狩，瘟神具有凶神及慈悲的兩種神格百姓為惡時降下各種動物、人類的瘟疫警世 懲罰人世間諸多惡行。反之為了避免瘟疫流行信徒就得平日積德行善，虔誠禮敬王爺每隔三或四年舉行送王船祭典討好王爺， 希望將瘟疫帶走。對此問題我有下列 4 點看法：

一、瘟王爺、五年王爺、五福大帝：一府、二府、三府、五府樣式的瘟神，代表玉皇大帝下凡人間，代天巡狩，監督眾民善行惡狀，再行懲惡揚善及驅逐瘟疫的神格。

二、132 姓氏的王爺中，（一）池府王爺 是閩、台兩地著名的單一府王爺，福建泉州 台灣本地池王爺。 是台灣許多池王爺廟的祖庭 之元威殿 馬巷廳 府同安區從南鯤鯓代天府分靈成為諸多姓氏王爺中最風行的王爺。祂黑臉、炯炯有神為瞭解救鄉民，吃了瘟神欲為百姓下毒的藥粉而亡，玉帝憐憫其精神，乃封祂為代天巡狩的瘟神。（二）溫府爺：供奉在屏東東港東隆宮，廟宇規模最大，

每隔三年王船船及「送王」遊天河2009年登為國家級文化資產。（三）李、池、吳、朱、范王爺：如臺南市北門區南繩代天府即是歷史悠久的臺灣廟，內祀為李大亮、池夢彪、吳孝寬、朱叔裕、范承業等王爺，各自留下忠、驅瘟、看風水、治理、醫病的典範，是決定降瘟或驅瘟的瘟神。

三、代天宣化，孚佑帝君，玄天上帝，保生大帝，廣利尊王等：眾神亦於民間旱荒、水荒（民食艱難），施法力，運糧濟急。又有魔怪為、起瘴瘟時，再召神兵驅祛厲鬼，施符驅瘟，民賴以安，佑鄉佑民，興利於眾生。

四、雞籠中元祭之意義：（一）以拼陣頭代替打破頭。（二）以血緣關係化解地域隔閡。（三）群族融合的時代意義。（四）薪火相傳的永續動力。

祭瘟王、送瘟神、請孚佑帝君等眾神斬疫鬼，用中元祭送走厲鬼等作為，是我們宗教人士應該擁有的共同情感與實踐。

送瘟神疫鬼的王船祭典

大道向前行 宗教精神永不朽

財團法人山達基教會人道計畫辦公室主任 莊凱仲

高雄山達基會館及 L. 羅恩賀伯特 （翻攝網路）

全球 Covid-19 疫情重擊全球，不僅限制人類的經濟、交通與自由，甚至關閉了人們尋求宗教慰藉與靈性交流的大門。今年五月，台灣政府宣佈三級警戒，宗教團體被迫關上大門，以預防感染的風險。一則保障信徒與民眾的身體健康，然而卻失去了追尋信仰的自由。

縱然我們祈禱、祝禱、求神，或許是上帝的考驗，或許是神靈的啟示，不論如何，人類萬眾皆須正視這個已然改變全球環境的病毒，並設法與之共處。

誠如山達基教會創始人 L. 羅恩赫伯特先生所說，「山達基最深遠的意義來說，它是一門宗教哲學。它所著重的完全在於精神個體的完全修復，去增加他靈性上的覺察力、他的本能，並且肯定他自己的不朽。」編註：山達基為英譯字，來自於拉丁文 Scio（意為「知道」），希臘文 logos（意為「研究」）。

綜觀而言，山達基人相信自己是不朽的靈魂個體，而不是由物質分子

組成的身軀。不過即便如此，仍然身軀凡身仍會遭受質能時空宇宙所影響，諸如病菌引發的疾病、意外引發的傷亡等，因此照顧好自己的身體，成了山達基人援引且遵循的《快樂之道》的第一項原則。

《快樂之道 The Way to Happiness》提及諸多守則供教友及他的親友們來作為生活的指導標竿，諸如「生病時，要得到妥善的照顧」、「保持身體清潔」、「適當的飲食」、「充足的休息」等。自疫情爆發初期，國際山達基教會亦成立了「保持健康」預防資源中心，免費提供《如何讓你自己與他人保持健康》、《如何戴口罩與手套來保護你自己與他人》、《如何透過隔離以防止疾病傳播》三本宣導冊子，及 21 部防疫宣導短片，大大提升全民防疫知識與行動。

妥善照顧凡身肉軀，方能全心做好修行及靈性提昇。普遍而言，教友透過研讀與吸收來自創始人 L. 羅恩賀伯特教義經典，來獲得教導、啟示與更正向的看待周遭所處環境及精神成長。有鑑於此，高雄山達基教會在疫情期間亦提供全台教友函授型的研修，以及線上的講座、研習會、讀書會等等，幫助教友在家防疫的同時，亦能獲得成長，念茲在茲共同淨化自我，乃至家庭關係，事業經營等，幫助世間更加祥和，降低混亂，一起護持宗教大道，讓宗教精神永續傳承與延續。

在此本教會感恩中華玉線玄門真宗陳桂興教尊舉辦如此有意義的論壇，以及感恩真理大學張家麟教授對各宗教團體的指導與支持，亦感謝直播活動上發言的教授學者、宗長、教長跨越時空與疫情限制，將正念、正信、仁心與聖潔之宗教精神合一，邁向大同。

敬祝所有閱讀本篇文章之宗教先進、同修與夥伴身體健康、平安喜樂、闔家圓滿。

瘟疫流行時，我們要如何修行！

中華民國天道總會天道弘揚委員會主任委員 葉俊麟

天道以彌勒佛為主神

　　新冠肺炎疫情，自從暴發以來至110年8月，短短不到兩年時間，全球約有2億人染疫，450萬人左右因此喪生，有如發生了一場世界級的戰疫，幾乎沒有一個國家幸免於此次疫情，如此嚴峻的疫情，讓全球籠罩在一片愁雲慘霧之中，人人聞疫色變，全球諸多家庭原本以為幸福美滿生活是那麼當然，頃刻間慘遭生離死別的窘境。

　　此瘟疫為何會令人如此恐懼？因為視而不見的病毒無所不在，誰也沒有把握自己是否能於此次疫情中不被傳染？不幸感染可能有喪失生命的風險？即使痊癒可能有終身的後遺症？...尤其，當親人是新冠肺炎患者，那家人內心壓力，莫名威脅，更

是倍加煎熬。道德經云：「**吾有此身，吾患此身！**」瘟疫流行期間，咱們要如何藉由修行，來克服無明的恐懼，保持健康的心境呢？

常言道：「**身者心之器，心者身之主**」天堂地獄僅在一念之間，恐懼的心念，本源自於心念對肉體及世間事物過度的執著眷戀，若能識透浮生若夢，人生是百代的過客，萬事萬物，總隨因緣聚散，非是盡可強勉。只要把握當下，盡心做好每件事，把自己交給上天，縱然，人生不如意十之八九，也泰然處之！凡是豈能盡如人意，但求無愧於心，如此「日日是好日」灑脫心境，深信一切都是上天最好的安排，如此，何患會有憂懼上心頭呢？

綜觀此疫情，從另一正面思維來看，世人更能感悟性命及時間的無價寶貴，更能珍惜當下每一刻幸福美好時光，真可說是皇天賜給全球子民一次深刻醒覺的好機會，即刻把握當下，起而行修正此生不中道的行為，方不愧此生無悔走一回！

天道總會社會福利慈善事業基金會（翻攝網路）

Part 7
學者對國家
管理瘟疫政
策的回應

客觀分析・宗教管制・
自立自強・利國利民

瘟疫、政治與宗教：

以台灣 COVID-19 擴散後管制宗教為例[1]

真理大學宗教學系教授 張家麟

摘要

「瘟疫」、「政治」、「宗教」三者的關係，它是個古老的問題，而 2019 年 12 月新冠狀病毒出現，則是個新的問題。本文挑選台灣地區 COVID-19，在 2021 年 5 月 15 日至 7 月 9 日擴散期間，作為個案。描述並解讀台灣政府如何運用「政治力」與「科學力」防堵瘟疫。從此，宗教變成邊陲行業；傳統宗教的「神學觀」、「醫學觀」似乎很難用來壓制瘟疫。

　　政府下令「第三級警戒」後，宗教受到波及，各宗教也對此加以回應。我試圖詮釋及解答下列幾個問題：1. 宗教神學與瘟疫的關聯？2. 政府在瘟疫來臨時，主要作為？3. 第三級警戒對宗教的限縮？4. 本地宗教面對第三級警戒的神學觀及其回應方式？這四個問題，構成本文的主軸。用之檢驗在瘟疫之後，政府與宗教互動模式，及政治對宗教發展或限制的「理論命題」。

關鍵字：瘟疫、新冠肺炎、政治力、科學力、第三級警戒

一、前言

　　2021 年 5 月份，台灣 COVID-19 突然間擴散，疫情轉趨嚴峻；我在臉書書寫 15 篇「瘟疫、宗教、政治與人權」的一系列短評。[2] 在玄奘大學的好友得知，對我提出邀請，希望將之轉化為學術論文，配合其宗教與瘟疫的主題專輯。我乃在酷暑、避疫期間書寫此文。

　　爬梳相關文獻後，暫時發現：在科學未昌明的年代裡，人類社會出現瘟疫後，

1　感謝兩名匿名審核委員提供寶貴意見讓本文更為周延；將本文獻給玄門山及關聖帝君、陳桂興教尊。

2　瘟、疫兩字為同義副詞，都是只流行於人類或動物的傳染病。古代醫學只知疾病大流行帶來的死亡，現代醫學則知是由病毒造成各種 SARS、鼠疫、流行性感冒等疾病。（陳邦賢，1936：361-367）COVID-19 是人傳人的現代型瘟疫。它的英文字母分別代表：CO 指 corona（冠狀），VI 指 virus（病毒），D 指 disease 的縮寫，最早於 2019 年 12 月出現於中國武漢。2020 年後在英國、南非、巴西、印度等地，分別再出現變種病毒，是人傳人的現代型瘟疫。

統治階級常束手無策，反而宗教家會思考如何化解，滿足社會的需求。他們發展出來諸多的宗教神學與醫學，來處理各類型的瘟疫。瘟疫盛行的年代，宗教家高瞻遠矚及適當的作為，往往贏得倖存災民的認同，使其宗教得以落地生根。最具代表性的例證為西元 1 世紀基督教領袖面對瘟疫的表現，贏得了羅馬帝國子民的認同。16 世紀基督新教領袖喀爾文及馬丁路德，帶領傳教士勇敢進入教區陪伴百姓。在疫情過後，其聖潔的行為感動信徒或非信徒，進而帶給新教發展。（鄭仰恩，2020.9：20-24）

此外，來到東方的台灣，明清以來本土宗教與瘟疫的互動，也可找到類似的模式。根據史料，清朝初年台南關廟、台北艋舺皆有瘟疫，先民分別在南北兩地迎關公、青山王神驅瘟，得到不錯的效果。讓這兩尊神明在民間信仰中，成為驅瘟的大神。到了日據時代，黑死病由淡水登入進入台北，先民說服日本統治階級，於淡水迎除魔大神清水祖師，在台北迎管理屬鬼的城隍爺，分別於農曆 5 月初 5、5 月 13 日行暗訪繞境之儀。在疫息之後，這兩尊大神的信仰深烙在百姓心目中。（張家麟，2020：50-51）

而且，瘟疫的出現，統治階級如果處理不當，有可能帶來帝國、王朝的統治危機，甚至覆滅、消亡。過去西方羅馬帝國與東方明皇朝的滅亡，除了外有強敵之外，往往內有瘟疫困擾政權有關。（何立波，2020.9：311-323；邱仲麟，2004.6：331-388）

在本文，我將擱置「瘟疫與政權興亡」這項命題，只聚焦於 2020 年全球 COVID-19 出現，2021 年 5 月在台灣擴散後，R.O.C. 政府如何運用「政治力」、「科學力」圍堵瘟疫。討論 5 月 15 日到 7 月 9 日間，政府在 5 月 15 日下令「第三級警戒」後，宗教受到池魚之殃及各宗教對「第三級警戒」的回應及其意涵。

據此，我試圖詮釋與解答下列幾個問題：

1. 宗教神學與瘟疫的關聯？2. 政府在瘟疫來臨時，主要作為？3. 第三級警戒對宗教的限縮？4. 本地宗教面對第三級警戒的神學觀及其回應方式？這四

個問題，構成本文的主軸。用之檢驗在瘟疫之後，政府與宗教互動模式，及政治對宗教發展或限制的「理論命題」。

二、宗教神學與瘟疫

在宗教神學中，以「神恩觀」、「懺悔觀」、「天職觀」、「懲奸觀」、「驅瘟觀」為主軸；在宗教醫學中，以「巫醫觀」、「修行觀」為核心。宗教家用這些論述來處理瘟疫，往往帶動信徒或民眾的跟隨，進而安頓人心，形成信徒對宗教的認同與內聚力，創造宗教發展的契機。

（一）神恩觀

「神恩觀」對基督教剛出現時，具有重大的影響。西元 165 年及 251 年兩場瘟疫，當時的基督教領袖對瘟疫帶來的「災難」提出解釋，認為基督徒染瘟而死，是「蒙主寵召，獲得永生」，到達天家的理想世界。此外，基督徒蒙受神恩對染瘟者的善行義舉，遠高過異教徒；他們倡導彼此相愛換取救贖，得到上帝的揀選。當染瘟者倖存下來，歸因於「上帝庇佑」、「神的恩典」。這種「死亡得永生，生存得神恩」的論述，強化了教會主內弟兄的內聚力，也讓異教徒轉化成為基督徒。（斯塔克，2005）

（二）懺悔觀

冉就「懺悔觀」來看，在 14 世紀歐洲的黑死病橫行時，基督徒出現透過自我「鞭笞身體」（flagellants），表達對神的「懺悔」，來換得上帝的拯救。當代學者稱之為「受難儀式」（rite of affliction）；且用來比擬於漢人的送王船儀式。再來看「待罪羔羊觀」，當瘟疫出現時，中古世紀歐洲的基督教為主流信仰。其信徒常把災難歸因於社會邊緣人的猶太民族。為了驅瘟，視其為「代罪羔羊」（scapegoats），而加以迫害、屠殺。全歐洲陷入一種狂熱的「反猶情節」的非理性作為，逼迫其東移波蘭、立陶宛等地[3]。

3　資料來源：康豹，〈瘟疫、罪惡與受難儀式：臺灣送瘟習俗面面觀〉，COVID-19 的人文社會省思網站：https://COVID-19.ascdc.tw/essay/87，2021.7.12 下載。

　　然而細看台灣既存的送王科儀，鮮有自我「鞭笞身體」的集體活動，頂多向瘟王行懺悔的疏文。就懺悔觀來看，兩者本質雷同，但是表達的方式卻存在重大差異。持平而論，「懺悔觀」、「待罪羔羊觀」帶來基督徒的作為，前者以自我傷害來向神贖罪，後者以傷害他人換取神的救贖。對基督徒而言具有凝聚認同的效果，但是對瘟疫化解沒有任何幫助；它卻活生生的出現於基督教發展史。

（三）天職觀

　　「天職觀」是基督新教領袖面對黑死病橫行歐洲時，提出來宗教家應有的承擔。他們主張傳教士應該基於《聖經》賦予的使命，作出榮神益人的宗教事業。

　　16 世紀基督新教改革宗出現，新教領袖馬丁路德（Martin Luther）及喀爾文（John Calvin）提出「天職說」回應鼠疫再度侵襲歐洲。後者認為，傳教士應該對教區擁有天職，接受神的「呼召」（Beruf、vocatio、calling），陪同政府官員、醫療團隊、治安人員留守，照顧患者。像布蘭契（Pierre Blanchet）、格涅斯東（Mathieu de Geneston）等傳教士對瘟疫時期的宗教承擔，甚至付出生命，感動了信徒及異教徒。（鄭仰恩，2020.9：20-24）另外，在英國 1665-1666 年間，伊亞姆村村民在清教（改革宗）牧師威廉・蒙佩森（William Mompesson）、托馬斯・斯坦利（Thomas Stanley）勸說下，同意依據上帝為善的想法，志願隔離（Cordon sanitaire，直譯為設立警戒線）防止鼠疫流傳[4]。這種基督新教對《聖經》的再詮釋及表現出聖潔、高尚的行為，讓改革宗有了發展的契機。

（四）懲奸觀與驅瘟觀

　　再來看「懲奸觀」與「驅瘟觀」，這兩者彼此關聯，出現於漢人的宗教觀中。研究王爺信仰中的「瘟神」與「送王船」科儀，都非常熟悉瘟王爺的出現，

4　范學德，2020.6.9，〈伊亞姆村民自願隔離、捨命，阻擋了疫情蔓延到全國〉，多倫多基督徒短期宣教訓練中心網站，https://www.torontostm.com/2020/06/09/%E4%BC%8A%E4%BA%9E%E5%A7%86%E6%9D%91%E6%B0%91%E8%87%AA%E9%A1%98%E9%9A%94%E9%9B%A2%E3%80%81%E6%8D%A8%E5%91%BD%EF%BC%8C%E9%98%BB%E6%93%8B%E4%BA%86%E7%96%AB%E6%83%85%E8%94%93%E5%BB%B6%E5%88%B0%E5%85%A8/，2021.8.16 下載。

是上天派遣祂降瘟於男盜女娼的道德敗壞社會,藉此懲罰百姓。(林玉茹,2009.6:43-85)道教道士與儒教禮生兩者相互搭配,行使「送王船」科儀,將瘟疫送上王船,達到「和瘟」、「驅瘟」的效果。(李豐楙,2013.12:3-52)

另外,台灣在清朝、日據時代曾經流行瘟疫,本地先民深信請出具有斬妖除魔的關公、青山王、城隍、清水祖師、文武大眾爺等神明繞境,就可驅瘟,這是漢人特有的「驅瘟觀」。每年農曆4月底、5月初1的新莊文武大眾爺暗訪與繞境、5月初5、6淡水清水祖師暗訪遶境;5月13台北迎霞海城隍;10月20-22日艋舺青山王暗訪遶境;從清朝、日據時代、國府到現在,依舊傳唱。

不過,台灣COVID-19擴散後,政府一聲令下,王船送瘟、上述眾神繞境驅瘟,全部嘎然而止。在政府決策相信醫學的前提下,宗教驅瘟、和瘟、送瘟等科儀,全部擱置。

(五)巫醫觀與修行觀

在漢人宗教的宗教醫學,以佛道兩教的「巫醫觀」及佛教的「修行觀」最具代表性。

咸信東漢獻帝時期,建安13年(A.D.208),建安22年(A.D.217)兩次大瘟疫,是「巫祝與祠廟」、「道教太平道」及「中國佛教大乘教派」在中土流行的主要因素。(W.H.McNeill,1976, pp 108-109、p121)

在瘟疫流行時,若干巫術性的「避疾」、「禱解」、「祝除」、「逐疫」(儺)、「辟除」(佩剛卯、繫綵絲、懸符籙、掛桃印)等醫療法和預防措施,紛紛出籠。(林富士,1987:29-53)另外,視瘟疫為屬鬼的化身,就必須由巫祝請出祠廟中與化解瘟疫有關的「趙炳」、「蔣子文」、「劉章」、「焦和」、「鮑君」、「李君」、「石賢士」等神明,處理瘟疫屬鬼。(李豐楙,1993.3:417-454;林富士,1995.9:716-724)物換星移,這些巫術及神祇在漢人當代社會並未風行。

相反的,瘟疫帶來道教與佛教東漢末年的崛起,自今信仰尤盛。

在道教部分,它起源於瘟疫橫行的社會背景,其領袖強調「首謝罪過」的

科儀、「章符、祝水」、「太極導引」、「行氣、吞氣、辟穀」養生術及「方藥、針灸」等，作為療瘟的手段。將巫與醫連結，得到當時知識分子及百姓的認同，促使道教的興起。

在佛教部分，東漢平帝佛法東傳後，於桓、靈、獻三帝時期逐漸傳佈開來。來華的外國僧人及法師掌握了瘟疫流行的契機，他們一方面以醫術、養生術贏得百姓的信賴；另一方面則翻譯與養生（禪定）、醫療、神通有關的典籍，宣揚佛陀為大醫王能療人間一切病苦；並用佛教中智慧和慈悲的修行觀，解釋當時人的苦痛由來，教導其信徒超越自己生命之方法。（林富士，1995.9：734、739）

過去人類社會缺乏現在科學及醫學知識的前提下，宗教神學與宗教醫學的思想體系處理瘟疫得當，可能帶來該宗教發展，而有下列幾項法則：

1. 宗教神恩觀、懺悔觀、懲奸觀、驅瘟觀，面對瘟疫的合理解釋帶來宗教發展。

2. 宗教天職觀凸顯出瘟疫時期，基督新教傳教士的責任與承擔，帶來基督新教的生存發展契機。

3. 宗教代罪羔羊觀、鞭笞身體觀足以凝聚宗教徒的熱情，然而對化解瘟疫無助。

4. 宗教巫醫觀、修行觀帶來信徒面對瘟疫的心理安定效果，促使漢人佛道兩教發展。

這是在科學、醫學無法理解瘟疫與病毒、細菌的關聯時，宗教家的宗教神學、宗教醫學，往往有生存的空間。不只如此，跨宗教的各種神學、醫學思想，滿足信徒的需求時，帶給該宗教植基於社會的機會。從宗教滿足社會的角度來看，瘟疫來臨時，宗教領袖具「先知」的卡理斯馬魅力與見解，使自己宗教得到發展的可能性。

三、COVID-19 擴散與台灣第三級警戒

（一）COVID-19 在全球擴散

2019 年底，新冠狀病毒－COVID-19 出現於中國大陸及美國。它是 2002 年 SARS 的冠狀病毒變種，傳染率高，死亡率約為 2.2%，是人類歷史上最嚴重的瘟疫之一。在全球化、交通便利化，無症狀感染者或染疫者，將病毒迅速傳播給他人。2020 整年、2021 上半年，全球各國陷入嚴重的染疫狀態，衝擊各國的經濟、社會與政治。美國川普總統競選連任，卻因防疫失利而失敗。

2020 年元月至 2021 年 7 月 9 日，全球染疫者約 186,428,025 人，佔總人口 78 億中的 2.32%，橫死者高達 4,028,606 人，平均死亡率為 2.16%。

全球各國政府採用醫學、藥學、公共衛生管理學的相關理論對抗瘟疫。在新冠病毒疫苗尚未發展出前，各國政府於防疫期間，採取科學管理。要求「人民外出帶口罩」、「維持 1 米社交距離」、「少作親身擁抱接觸」、「多作視訊問候」、「禁止群聚集會」；對染疫者採取「醫院分離」、「專屬方艙醫院」等集中醫療方式。嚴重時，「暫停公共餐飲休閒旅遊行業」、「暫停海陸空運輸」，「嚴格管制人員出入境」，甚至「封城」、「鎖國」。

當代政府治理疫情，幾乎完全捨棄傳統宗教以巫術，禱告、符水治療，禪修、靜坐、持咒、誦經等，對抗瘟疫的方法。宗教在抗瘟的立場上，只剩下《古蘭經》所言：「如果你們在瘟疫的地方不要把瘟疫傳出去。如果有瘟疫發生之地你們不要進入。」這是相對理性、進步的見解。也符合當代的「居家隔離」、「不入疫區」、「不從疫區出來」、「封城」等方式。

到 2020 年 12 月，以美國、德國、英國、中國為首的醫學家、藥學家，分別快速發展出輝瑞、莫德納、嬌生、AZ、國藥、科興等疫苗，得到世界衛生組織的核可認定，可以對人類施打。西方主要國家及中國大陸開始大量對百姓施打疫苗，全球進步國家的疫情趨緩，新冠狀病毒似乎逐漸控制，英、美、法、中等主要國家，7 月份逐步解封。

與世界各國陷入嚴重疫災相較，在 2020 年 1 月至 2021 年 4 月底，台灣染

疫者只有 1,128 人，死亡者 12 人，是世界公認的防疫優質國家，成為海角一樂園。可惜好景不長，世界主要國家解封之際，台灣卻因政府 4 月上旬決定對機師採取「3 ＋ 11」的寬鬆自我管理措施，使得「擋病毒於國境之外」政策出現破口，陷入了疫情擴散的困境。

　　彭博社對全球國家總收入每年超過 2,000 億美元的 53 個主要經濟體，用「疫苗接種率」、「封鎖嚴重性」、「航班載客力」與「已接種疫苗旅客自由度」調查「全球防疫韌性排名」（Covid Resilience Ranking）作調查。4 月底，台灣由防疫的前段班的第 4 名，5 月掉到第 15 名。6 月 28 日，4 項指標皆墊底，更跌到 44 名[5]。此時，台灣防疫作為被世界主流媒體批評為 "vaunted"（吹牛）、"stupid"（愚蠢）、"disable"（無能）的政權。從防疫的前段優等生，在政府的失能、未超前部屬、只搞大內宣的情況下，落入後段班，台灣陷入疫情擴散的泥淖中。

（二）COVID-19 在台灣擴散

　　而當境外病毒從桃園國境大門長驅直入「諾富特飯店」，再散發到台北及其周邊的新北。本土社區感染源增多，政府在 5 月 11 日宣告全國進入「第二級警戒」。之後，疫情持續在雙北升溫，5 月 15 日首度宣告雙北進入「第三級警戒」，其他縣市於 5 月 19 日跟進；預計 5 月 28 日解除。然而，兩週之內全國各地疫情持續高漲，5 月底中央再度宣告延長兩週警戒，預計 6 月 14 日解封。不過，6 月初的第 1 星期疫情依舊升高，政府乃於 6 月 7 日，第三次宣告第三級警戒延到 6 月 28 日，並公布 12 項強化管制措施。6 月中旬之後，疫情稍息，獲得部分的控制，但是政府寧可嚴整對待，於 6 月 28 日第四次公告第三級警戒延到 7 月 12 日。前後長達近兩個月。

　　為何政府會在 5 月份宣告第二級警戒，在中旬之後到 6 月下旬，連續 4 次宣告第三級警戒？主要原因在於本土不明感染源出現，國境破口，社區防疫失

5　資料來源：李京倫，2021.6.29，〈彭博全球防疫韌性排名　我慘摔第 44〉，聯合新聞網：https://udn.com/news/story/122173/5564434，2021.7.4 下載。

利。

5月份開始，出現較大規模的不明感染源本土案例，5月1-10日計有71例。防疫中心依〈傳染病防治法〉，立即宣告全國進入由第二級警戒。規定：「未配合戴口罩者開罰新台幣，開罰 3,000-15,000 元」；「停辦室外500人、室內100人集會活動」；「集會活動落實全程戴口罩，維持社交距離、實名制、量體溫、總量管制」；「營業場所人流管制」；「關閉休閒娛樂場所、公共場所」；「全國社團停止交接；全國中小學校園停止對外開放」。與宗教有關的是，要求「宗教場所落實實聯制及社交距離、停止進香與繞境」。此時，香客、信徒、旅客、民眾尚可入宗教場所禮神、禱告、拜拜、作宗教科儀或參訪。

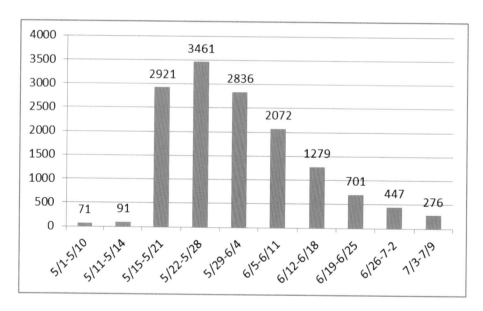

圖 1 台灣地區 COVID-19 染疫數量表（2021.5.1-7.9）

資料來源：1.綜整 2021.5.1-7.9 防疫中心提供的染疫確診數字；2.本研究整理。

隔了4天，5月11-14日間，分別出現11、21、25、34個本土案例，合計91例。已達防疫指揮中心設定的「第三級警戒」標準，政府依法於5月15日對這兩個城市「類封城」。5月15日起，每天病例達數百人，疫情再由雙北持續擴大，並蔓衍到他縣市。防疫中心見此現象，乃在5月19日擴大管制範圍到全國各縣市。總統及防疫中心官員配合大內宣，對百姓不斷呼籲在宅避疫，出外帶口罩，

入內勤洗手，少作跨縣市移動，認為台灣可以讓世界看得到「奇蹟」，於 5 月 28 日解除管制。

然而疫情並非如政府盤算，5 月中旬到下旬，病毒如火如荼流竄。5 月 15-21 日，有 2,921 例；5 月 22-28 日 3,461 例；5 月 26 日政府再度宣告延續第三級管制到 6 月 14 日。6 月份起，病毒依舊熾熱，5 月 29-6 月 4 日，2,836 例；6 月 5-11 日，2,072 例。政府只好在 6 月 7 日三度宣告延續第三級管制到 6 月 28 日。6 月 12-18 日，仍有 1,279 例。6 月 19-25 日，701 例。6 月 24 日政府四度宣告第三級管制到 7 月 12 日。

到 6 月下旬到 7 月上旬，政府管制措施出現了不錯的效果，6 月 26 日 -7 月 2 日，447 例；7 月 3-9 日，276 例[6]。每天的病例控制在百例以下，疫情出現緩和跡象，政府考量民間業者的需求，於 7 月 8 日宣告，持續第三級警戒到 7 月 26 日，對宗教及部分行業、場所，在 7 月 13 日後稍微放寬管制。

整體而言，2020 年元月疫情開始，至 2021 年 7 月 9 日，台灣染疫確診者為 15,283 人，死亡人數 730 人，打疫苗猝死者 333 人[7]。疫情依舊嚴峻，疫苗尚未到位，台灣政府只能靠政治力作科學管理，圍堵疫苗擴散。

（三）政府第三級警戒

防疫中心最早的第三級警戒規定甚嚴：

1. 外出時全程配戴口罩；2. 停止室內 5 人以上，室外 10 人以上的聚會；3. 維生、維持秩序、必要性服務、醫療及公務機關；4. 關閉休閒娛樂、公園、教育學習、社會福利等公共場所；5. 營業及公共場域落實戴口罩及社交距離；6. 即日起各級學校停班不停學；停止所有的社團聚會、里民活動；7. 婚喪禮落實實

6　從去年疫情以來到 7 月 9 日為止染疫橫死者達 730 人，與染疫者相較，死亡率高達 4.8%，遠高於世界衛生組織統計各國的平均值 2%。另外，打疫苗猝死者，高達 333 人，其中注射 AZ 死亡 331 人，打莫德納死亡 2 人。注射疫苗的死亡率也高過其他國家的平均值。（附件 2）

7　7 月 13 日後，對宗教的放寬與限制如下：1. 宗教場所內部人員、場所的管理及衛生維持；2. 開放參拜空間，限在 99 人以內的人流及社交距離維護；3. 不開放 7 月普渡及繞境進香；4. 掌控確診者的足跡。對此新形勢，本地宮廟有不同的作為。如北港朝天宮、艋舺龍山寺依舊拉起封鎖線；台南祀典大天后宮自行調整為 60 人以內信徒入廟參拜；新港奉天宮預計配合政府擬訂每梯 99 人入廟參拜的計畫；大部份宮廟趨向保守，謹慎面對、不開放。

聯制及適當社交距離；8. 政府辦公樓啟動分組辦公、洽公人流管控；9. 對群聚社區出現病毒案例時，政府得對全區住戶圍堵、進行篩檢。

從此限制百姓居家與外出生活，暫停非必要性的聚會，外出全程戴口罩。只剩下經濟產業、維持民生的超市、市場及政府機關，滿足百姓防疫時的需求。

在公文中並未提及宗教場所及活動的管理，主管宗教的內政部立即配合防疫中心，再次由內政部次長宣告全國各地宗教寺廟堂不開放民眾入內參拜禮佛。各縣市政府也配合跟進，要求轄下所屬教會宮廟堂，於宗教場所門口拉起封鎖線，限制百姓入廟[8]。

到 6 月 7 日疫情仍未停息，政府再下令 12 項管制措施，強化第三級警戒的內容。方別是「對超商、超市、百貨、賣場管制人流，於出入口落實實聯制、量體溫、帶口罩及酒精消毒」；「公共場所定時定期消毒」；「未戴口罩違法營業者，立即開罰」；「結婚不宴客、喪禮不公祭」；「餐飲業一律外帶」；「職場及工作場所依企業營運的防疫規定，落實個人及工作場所的衛生管理」；「停止醫院看病」。再次宣告「宗教集會全面暫停，宗教場所關閉」[9]。

（四）第三級警戒的特色

1. 政治力與科學力的結合

在防疫至上的宗旨上，中華民國政府與世界各主要國家雷同，採用「政治力」與「科學力」結合的防疫政策。政府複製西方國家防疫的有效具體作為，將之表現在〈防疫法規〉及「滾動式的防疫政策」[10]。在科學至上的前提下，認定瘟疫的來源是肉眼看不到的「新冠狀病毒」，擱置傳統宗教神學對瘟疫的看

---

8 政府對宗教的防疫管制並沒相關的「法規」，只有採取「滾動式」防疫政策，隨時修訂的「行政命令」。5 月 15 日第三級警戒宣布，就由主管宗教的內政部次長兼防疫中心副指揮官宣告關閉全國各宗教寺廟堂，禁止信徒入內參拜、禮神。其麾下民政司司長林清淇也下令，全國各宗教祭祀、膜拜場所、進香團、繞境及宮廟堂會中的宗教活動全部禁止。中央疫情指揮中心陳時中指揮官宣示，參與進香繞境者罰款 30 萬。內政部配合他，發函各地方政府及各宗教團體停辦繞境進香及大型宗教活動。各縣市政府接到防疫中心的宣示與內政部公函後，全部配合辦理，禁止宗教寺廟堂的各項繞境、餐會、聚會、儀式，及在寺廟堂門口拉起封鎖線，禁止信徒入內禮神。

9 資料來源：蘋果新聞網 2021.6.7，〈三級警戒延長至 6/28　指揮中心公佈 12 項禁令〉，蘋果新聞網：https://tw.appledaily.com/life/20210607/LYC6M45YAJF3FFQO3Z62NZNE6Q/，2021.7.4 下載。

10 藍綠政府官員對疫情的變化採用修隨時修訂應對措施與政策，稱為「滾動式的防疫政策」。

法。過去，科學未發達的年代，宗教家向百姓宣傳，瘟疫病毒肇因於百姓「道德淪喪」、「厲鬼轉化」或「王政失衡」，因此，瘟疫是上帝或眾神派到人世間懲罰百姓、朝廷。（鄭智元，2020.3：119-140）

政府防疫中心為了有效控制病毒經由空氣、人體接觸傳播，讓其擁有龐大的法律及政策管理權。在疫情期間，以公共利益為前提，大幅度限縮人民的生活自由。在第三級警戒期間，對群聚者、未戴口罩者、違反行業經營者，依法皆施以 3,000 元 -30 萬的重罰。用政策管理及施打疫苗兩種手段對抗病毒，在疫苗未充分供應前，鼓勵百姓外出戴口罩、居家過節、少跨縣市移動。也想方設法發展國產疫苗或購買進口疫苗，有限的疫苗進口後，將百姓分成 10 類，依序輪流施打[11]。

由於疫情快速發展，染疫者增多，橫死者逐漸積累，打疫苗猝死的長輩，被大幅度報導。百姓對此現象忐忑不安，紛紛對政府要求「我要疫苗」。然而，政府對此光景只能採用科學、法律的管理方法，強力的限制百姓各項經濟、社會、宗教、教育、文化等層面的活動，試圖控制嚴峻的疫情。

2. 否定宗教的安定作用

第三級警戒的另一特色為政府否定宗教的安定角色及功能。

當政府不認同傳統宗教的巫醫及各類型神學理論時，防疫政策、防疫法規、防疫中心人員的配置，從未考慮將傳統宗教對抗瘟疫的各種主張，納入防疫領域中，讓宗教扮演穩定社會的角色與功能。政府防疫的重點，在於防堵瘟疫的擴散、百姓基本民生需求及產業順利的運轉。簡言之，政府「只顧腹肚，未顧佛祖」的思考，重視的是人民基本民生，卻 忽略了疫情期間百姓內心心靈的撫慰。

另外，再從政府施打疫苗行業別的優先順序來看，第一線醫護人員、政府官員當作第 1、2 類優先施打對象，第 3-10 類，也從未思考將宗教神職人員列入。

---

11 資料來源：聯合新聞網，2021.5.25，〈整理包／新冠肺炎疫苗逾 30 萬人施打　圖表看下批何時開打、各縣市接種數〉，聯合新聞網：https://udn.com/news/story/122173/5483039，2021.7.4 下載。

宗教神職人員本來是社會動盪不安、人心惶惶時，安定民眾心理的主要角色。但是他們既非疫苗施打的優先對象，甚至也比不上餐飲業的外送員、中小學教職員工、幼兒園與托育人員、運輸及倉儲業者、社福機構照顧者。

四、政治對宗教的限縮

（一）第三級警戒對宗教自由的限縮

防疫指揮中心的正式公文並未提及宗教活動及宗教場所的限縮。只要求民眾於公共場所落實戴口罩及社交距離，停止室內 5 人以上、室外 10 人以上的各種聚會。在此規範下，看起來信眾只要做好戴口罩及社交距離，宗教管理方尚可依序分流管理信眾在 5 人之內入廟、到教堂，參拜或祈禱，信眾或志工在戶外 10 人以下，仍然可以辦理各種宗教聚會。

事實上並非如此，防疫中心副指揮官、內政部次長於 5 月 15 日用口頭宣示，即日起全國各宗教宮廟堂封閉，禁止百姓、信徒、遊客入內。一聲令下，要求全國各宗教場所拉起封鎖線，禁止各項宗教戶外活動，使它們幾乎動彈不得。可以看出在這波疫情中，政治力凌駕宗教力之上，依法頒發的行政命令限制宗教場域，無形中就限縮了人民的宗教信仰自由。

1. 信徒「個人的信仰自由」

禁止個人進入宗教場所內參拜、禮神、禱告、告解。儘管宗教場所管理者依法給信徒入內在 5 人以下，帶口罩、維持社交距離、作分流管理，皆在禁止之內。

2. 神職人員從事「宗教儀式、修行的自由」

暫停佛教法師對信徒作開示、打坐、禪修，道教道長對信徒作祭解、補運、祭車，民間宗教乩童對信徒辦事濟世，鸞堂收鸞婆或法師作收驚、祭星，鸞手作扶鸞等儀式服務。

3. 信徒參與「宗教團體的信仰自由」

禁止各宗教信徒群聚，作團體信仰自由。限制基督教的祈禱禮拜，佛教的

水陸、梁皇法會，道教民間宗教的禮斗、聖誕法會。民間宗教的迎神、繞境、進香、神將出團、豕祭、普度等團體科儀。5 人以上的誦經團志工，為神明、信徒、家人或自己誦經、修行，也在禁止之內 [12]。

4. 信徒作「人神溝通自由」

要求各宮廟收起香枝、筊杯、籤筒，認定它們為感染源。禁止信徒在廟內外燒香、擲筊、抽籤，剝奪了台灣百姓最喜歡的人神互動信仰自由。

5. 辦理「告別式自由」

最離譜的是，「慎終追遠」之宗教儀式，也受波及。染疫、橫死者，家屬須 24 小時內將之火化，禁止辦理告別式，他只能孤零零的離開了人世。壽終正寢者雖然可以辦理家祭告別式，取消了公祭。而且，超過 10 人以上家祭，政府立即開罰 [13]。

（二）政府限縮宗教的象徵

1. 宗教比不上其他行業

在第三級警戒期間，宗教與各行各業相較，似乎矮了一級。與國家經濟及民生必需行業相較，宗教顯得邊陲。

宗教本屬百姓心靈寄託的行業，然而在疫情期間，政府認定它並不重要。完全比不上民生業者，像好市多、家樂福、全聯、傳統市場等大中小型賣場，依舊門庭若市。也不如資本家開設的各大百貨公司、台積電、華碩等科技業及大中小型工廠。更別說與公、民營行庫、郵局、農會等金融體系。這些行業一如往昔，政府為了國家經濟命脈，不敢讓它們停班。

另外，宗教也比不上公家機關及各行業中的白領階級公司，政府只鼓勵它們分流上班。至於宗教與各類型餐廳、冷熱飲品店相較，似乎也跟不上。因為它們還可以外賣，而宗教神職人員及場域，也不能在宮廟堂場內帶領信徒從事

12　6 月 6 日的消息，高雄私人宮廟誦經團 8 名志工戴口罩誦經被告發，衛生局開罰每人開罰 6 萬 -30 萬。

13　6 月 8 日的消息，南投國姓鄉鄉民辦理喪事，人數 11 人，被員警蒐錄移送民政處裁處。還好官方認定喪家家祭皆戴口罩，法外開恩不開罰。

各項宗教活動,更別說外賣服務信徒。

宗教倒是與各級學校、夜市、公園、室內健身房雷同。台灣境內的民間宗教、釋、道、耶、回、一貫道、理教、天帝教等各宗教或教派,被政府要求暫時關閉場所,雷同於特種行業,及公園、電影院、體育館、音樂廳、博物館、健身房、遊樂園等休憩場所。它們是這波疫情,受到衝擊最大行業及團體。宗教業者與政治管理、經濟生產、民生必需等業者相較,在政府的天秤中,明顯可以看出輕宗教而重其他業者。

2. 否定宗教自由

宗教自由在全球主要國家憲法中的重要性,不證自明。我國憲法第7條「中華民國人民,無分男女、宗教、種族、階級、黨派,在法律上一律平等」及13條「人民有信仰宗教之自由」、美國憲法修正案第一條「國會不得制定有關下列事項的法律:確立一種宗教或禁止信教自由」及羅斯福總統提的人類應該擁有「言論、免於匱乏、免於恐懼及宗教」四大自由,皆重視人民的宗教及信仰自由。

二次戰後,世界聯合國陸續推出《人權宣言》(Universal Declaration of Human Rights/UDHR) 及《公民與政治權利國際公約》(International Covenant on Civil and Political Rights)、《經濟社會文化權利國際公約》,一再表明人類依宗教自由而來的細項自由,至少有16項之多。(張家麟,2018:184)但是,新冠病毒橫行全球之際,宗教集會經常是病毒彼此感染的場域,主要國家都暫停這些宗教自由。

當全球各國限制百姓到宗教場域從事宗教儀式及相關活動時,台灣為了防疫也不例外。我們政府立即跟隨,甚至加碼;除了禁止到宮廟堂禮神的儀式自由外,也擱置華人民間宗教特有的戶外迎神、日巡、暗訪、繞境、進香、醮典的各項宗教自由。

3. 宗教界非壓力團體

台灣各行各業皆可能對政府政策「平等的」施加壓力,政府彷彿像隻「風

向雞」，接納各種要求後，作客觀的裁決，決定政策的方向。（Dunleavy, P. & Brendan O' Leary，1994：48-49）然而事實上，影響政府最大的只是極少數的資本家及其建構的工業、商業、金融體系、科技產業。在這次的防疫政策，可以明顯看出政府尊重這些產業，遠超過其他行業。

就宗教界而言，約有 80% 百姓有信仰。（瞿海源，2002）各宗教組織集合起來，也像是個「壓力團體」，看起來對台灣社會及政府具重大影響力。但是深入本地的宗教狀態，就可理解它是呈現多宗教、多山頭、多廟宇教會堂的狀態，彼此各自為政。很難看到團結成一組織的宗教界，也就難以出現強有力的壓力團體，對政府防疫或防疫下的宗教政策施壓。

事實上，台灣除了佛教慈濟、佛光山、法鼓山、靈鷲山、中台山等各大山頭及基督教長老教會、召會、靈糧堂外，尚有台灣媽祖聯誼會、中華關聖帝君弘道協會、台灣保生大帝聯誼會、台灣清水祖師文化交流協會、開漳聖王聯誼會等「單一神譜」組成的神明會，或是跨神明的「金蘭會」、「世界神明聯誼會」，也有各鸞堂集結而成的全國扶鸞大會等組織。

但是，它們各自運作，也沒有習慣對政府的各項政策施加壓力。因此，當此次疫情蔓延後，政府推動執行第三級警戒，視宗教為邊陲行業，大幅度限縮人民宗教及信仰自由、宗教組織宣教自由、宗教團體集體信仰自由、宗教神職人員教化子民安定人心自由等作為時，台灣各宗教及其組織幾乎沒有任何反彈的聲音，皆乖乖的臣服於政府政策，當宗教「順民」。

五、第三級警戒下的宗教回應與衝擊

（一）回應

面對突如其來的第三級警戒，台灣境內各宗教、教會堂、組織，依「配合」政策法規無宗教作為；在法規下，適當「轉化」宗教作為，及積極回應疫情帶給民眾的困境，「承擔」宗教慈善作為等三個類型。分別說明如下[14]：

---

14 政府第三級警戒後，各宗教團體、宮廟堂回應政府的宗教作為，收集 2021 年 5 月 14 日 –7 月 9 日間的網路新聞資料。

1. 配合型：停止作為

　　政府宣告在寺廟教會堂門口拉起封鎖線，禁止戶外宗教活動時，全台各宗教場所十之八九配合政府這項要求，停止信徒進入神殿禮神、停辦各類型戶外宗教儀式、集體群聚社會教育學習活動。見諸報章雜誌的有：

　　（1）停止繞境：淡水清水祖師廟、新莊地藏王文武大眾爺廟、台北霞海城隍廟、屏東萬丹水仙宮、台南北門東隆宮、新竹城隍廟等。

　　（2）停止戶外宗教活動：北港朝天宮、彰化清水岩寺、台南西港慶安宮取消信徒端節時午時水，松柏嶺受天宮要求信徒端節勿出遊，南鯤鯓代天府停止中元賽普；彰化和美暫停送肉粽科儀；金門取消迎城隍文化季；台南西港慶安宮順延「辛丑香科」；靈鷲山暫停各地講堂之共修、佛教節慶及水懺法會；恆春停辦中元暨孤棚、搶孤儀式。

　　（3）停止室內宗教文化活動：台中萬和宮關閉圖書館、文物館、文化館、社教班及誦經團早課；基隆代天宮停止所有社教班課程；台中清水紫雲巖停辦觀音聖誕；天主教總主教公署暫停轄下的主日彌撒、團體聚會及朝聖；法鼓山金山及各分支道場共修處關閉。

2. 轉化型：宣教觀

　　反應比較快的宗教團體，在防疫政策、法規下，其領袖思考如何運用廟宇既有條件及視訊軟硬體資源，依舊積極為神代言「宣教」，用宗教力量安定信徒及社會。

　　（1）迎神到廟埕：艋舺青山宮、台中樂成宮、台中大甲鎮瀾宮、雲林北港朝天宮、雲林西螺福興宮、屏東代天府等廟宇擁有寬廣的廟埕、拜殿，執事者將神明從大殿請出到三川殿外。配合戶外 10 人群聚的要求，讓信徒分流參拜禮神，從中安定自己的心靈。

　　（2）運用視訊：國際佛光會、天主教善國璽基金會聯合於 7 月 1-11 日同步在臉書、Youtube 平台聯合祝禱疫情平息；天帝教在線上課誦《廿字真經》、《奮鬥真經》、《親和真經》，並辦理線上神學講座；淡水福佑宮、霞海城隍

廟、彰化合興宮、台北聖興天后宮、法鼓山僧團、靈鳩山、佛光山等宗教團體，運用影音服務信徒，讓他們在參拜神明，線上祈福、共修。高雄意誠堂將收驚、扶鸞線上直播。中華玉線玄門真宗則由教尊在線上直播開講、弘法，疫情期間的修行法門。

3. 承擔型：慈善修行觀

尚有部分宗教組織宗教家以承擔苦難的視野，對此次瘟疫帶給社會、國家、人類的傷害，積極投入救災工作。這是傳統基督宗教「天職觀」的傳承，接近漢人傳統宗教拯救黎民蒼生「醫療觀」，也是現代宗教「慈善修行觀」的表現[15]。

（1）捐贈物資：宗教組織捐贈各類物資給各級政府，計有宜蘭道教總廟在地宮廟捐贈 4 台氧氣治療機；新莊地藏庵、慈祐宮、武聖廟及法鼓山慈善基金會捐贈防疫口罩、防護衣、酒精，豐原慈濟宮、南投民間福德宮、台南土地公廟、台南新營真武殿、新北樹林濟安宮、屏東佛教會、新北板橋慈惠宮、彰化員林福寧宮、三重先嗇宮及佛教的佛光山、慈濟基金會等宗教團體，捐贈各類型防疫物資及現金款項，協助醫療及警消基層工作人員。

（2）捐贈篩檢站與快篩：為了查出社區中的感染源，部分宗教團體捐出近百萬元的快篩站給各地醫療院所及政府，計有淡水清水祖師廟、松山慈祐宮、雲林西螺老大媽會；其中慈濟功德會在全台各地捐出約 30 座的快篩站。另外，中和南山放生寺與亞東醫院合作，於 6 月 17 日至於 23 日成立快速篩選站，完成了 1,229 人的篩選。

（3）購買疫苗：在這次疫情期間，當國家失能缺少疫苗之際，民間業者鴻海集團、國際佛光山星雲法師及其徒眾、慈濟功德會證嚴法師及會眾等兩個佛教組織，及時反應百姓對疫苗需求。前者於 5 月 28 日率先捐 50 萬劑嬌生正廠疫苗，後者於 5 月 31 日宣告投入新台幣 10 億元購買疫苗及防疫物資，送給台

---

15 慈濟功德會、佛光山、法鼓山皆為人間佛教的分支，以修行、行善在人間為宗旨。其中，慈濟的行善作為由為突出且具全球視野；它在此次疫情擴散、政府苦無疫苗之際，發大願購買疫苗獻給台灣百姓。

灣政府及民眾[16]。

政府剛開始祭出「執行計畫書」、「藥品說明書」、「數量及計算依據」、「冷儲及倉儲設備」、「供貨期程」、「原廠授權書」、「有效期限」、「國外上市證明或替代文件」等 8 個條件限制。要求由政府統籌、簽約、採購，限制了宗教團體單獨向外購買的可能性。

政府認為台灣疫苗已經足夠，也為了保護聯亞、高端兩公司生產的 1000 萬劑國內疫苗，一方面用官僚體系的申購疫苗門檻，卡住民間及宗教團體進口疫苗，另一方面派出部長級官員向宗教團體表達謝意。然而，在國內欠缺疫苗的情況下，蔡總統在民意的需求壓力下，於 6 月 18 日同意鴻海集團郭台銘、台積電集團劉德音各 500 萬劑疫苗的捐贈。6 月 26 日透過視訊與證嚴法師通話，宣稱願意協助其購買、捐贈疫苗事宜。（附件 2）

整體看來，第三級警戒下台灣境內各宗教對新冠病毒的回應，皆屬配合政府法規政策的正向表現。「配合型」的寺廟教會堂，全力支持政府宣告拉起宗教場所封鎖線，暫停戶外、室內的宗教集會，切斷人神互動，避免成為染疫的破口。各宗教組織轄下的神殿，空無一人，宮廟堂的執事者都咬緊牙關，苦撐待變。「轉化型」的寺廟教會堂的領袖及執事者，將神請出廟埕，供信眾朝拜；也趁此時機操作 3C 軟硬體平台，腳步不停息的持續宣教、共修、禮神或為神代言。至於「承擔型」的宗教組織，把台灣此時的瘟疫困境視為宗教修行的機會，用民間的宗教福利協助政府的國家福利作為。將取之十方大眾的金錢，用之於社會，將功德款化為物資、篩檢站及疫苗，捐贈給台灣苦難的黎民蒼生。

（二）衝擊

再就疫情對當下宗教組織及其信徒的影響來看，我以為可以分成「宗教捐獻」、「神聖性」、「團隊性」、「靈驗性」與「民德歸厚」等五個面向解讀：

1. 宗教捐獻減少

16　最早由鴻海集團郭台銘的永齡基金會於 5 月 23 日向國外 BNT 藥廠申購 1000 萬劑疫苗，送給台灣政府為人民施打。其後，佛光山於 5 月 28 日跟進，慈濟於 5 月 31 日再跟進，台積電則於 6 月 10 日也提出申請購買 500 萬劑。

疫情期間各宗教組織轄下的寺廟堂封閉後，首當衝擊為宗教捐獻急遽減少。

在信徒無法進入神殿，參與各項宗教儀式時，他們就無法對神明添油香，對宗教組織奉獻，尤其當它們經營宗教營利組織，只靠香油錢或奉獻維持宮廟堂的開銷，將可能面臨發不出職工薪水的窘境。

根據統計，台灣地區大部分的宮廟堂都屬於此類，信徒對其宗教捐獻的金額，比平時非疫情期間少了 50-90%[17]。

2. 神聖性降低

當信徒無法進入神殿就無法接近神，作個人與神互動的「祈禱」、「燒香」、「誦經」、「拜拜」、「擲筊」、「抽籤」等信仰儀式。在瘟疫期間內，信徒內心的驚恐，本來是最需要宗教神祇的慰籍。而在此時，強大的政治力硬生生的切斷人對神懇求、庇祐的宗教力。

不僅如此，各類型信徒無法到神殿與佛教法師，耶教牧師、神父，伊斯蘭教阿訇，民間儒教鸞手，民間宗教的乩童等神職人員，共同唸佛、打禪共修，向其請益、告解，參與扶鸞、問事，作上述各種具「神聖情感」的宗教儀式。

神職人員也不能代表神，為群聚信徒「講經」、「講道」、「弘法」。信徒就不能聆聽、體會、實踐神《經典》中的話語、修行觀、道德律。他們內在利他道德的「神聖性」，也隨之降低。

3. 宗教相關產業受創

管制宗教活動，除了直接影響宗教師、宗教場所的活動外，尚影響相關宗教產業。包括製香業、金紙業、爆竹業、小木作業（神桌、神轎、神龕等製作）、神豬飼養業、裁縫及刺繡業（神衣、桌裙、八仙彩、幡旗、香旗等）、金飾業、表演業（歌劇或布袋戲團等）、花藝業、紙紮業、廟口美食業等周邊事業的發展。

在疫情影響下，殯葬用品流通業、殯葬專業人力服務業、喪奠埋葬場所經營業、喪葬諮詢顧問業等殯葬產業及從業人員也受波及。

---

17 簡慧珍，2021.6.28，〈防疫禁入宮廟　香油錢大減五成以上〉，聯合新聞網：https://udn.com/news/story/7325/5562910，2021.7.4下載。

4. 團隊性萎縮

疫情期間，政府禁止各宗教信徒作集體信仰活動。耶、回兩教的禮拜、禱告、膜拜；民間宗教、道教的迓神繞境、進香、神明祭典、醮典、春秋兩季禮斗、誦經團課誦；華人宗教的普度、超拔；民間宗教、釋教、道教處理橫死的打城、牽狀；佛教的水陸法會、梁皇法會。

當信徒無法群聚，彼此間的「社會性」降低。原本經由集體參與信仰儀式，帶來的同一信仰，互稱「師兄師姐」、「主內兄弟」、「同奮」、「道親」等的「我群」連帶情感隨之衰退。另外，參與宗教儀式時，信徒須共同信守、彼此監督的「戒律」，也暫時擱置。廟際往來間，宗教領袖彼此互挺、參與對方神聖或世俗活動的「社會互助關係」，也受衝擊。

5. 靈驗性降低

當代政府的政治力－第三級警戒，是以「公共衛生、疾病管理的科學」作為決策，限制了宗教各種神祇神格功能、符咒去瘟能力、儀式化解瘟疫的「靈驗性」效果。

在強大的政治力下，宗教萎縮。否定了眾神的護衛信徒、驅除瘟疫的「神格」、「能力」；也不肯定其代言人的「儀式神蹟」。此時，宗教神譜、儀式、符咒等驅瘟的「靈驗性」，被科學疫苗、防疫方法等消滅瘟疫的「能力」取代。

6. 民德歸厚難

在疫情期間，政府對喪、葬之儀諸多限制：

（1）立即火化：染疫而病死者，立即送火葬場火化，家屬都無法為其辦理各項喪葬科儀，連告別式都免了。

（2）限制公祭：在避免群聚的情景下，疫情期間染疫亡故者，將所只能辦理9人以下的七旬法會、告別式。告別式中只能家祭，禁止公祭。

當政府視喪葬禮儀的群聚如敝屣；它的重要性，比不上「經濟力」的企業、

科技業、金融業、工廠等員工的群聚，也不如傳統市場、超市、大賣場、百貨公司等消費者的群聚。我們不經要問，政府只重經濟、民生的情況下，忽略養生送死之事，欲使「民德歸厚」，難上加難。

綜觀此次政府處理瘟疫，採行第三級警戒，對宗教產生了排擠效應。短期而言，信徒對各宗教各宮廟堂捐獻減少，其經濟、財務大不如前。長遠來看，神、祖先在信徒或家屬心目中的神聖性、靈驗性降低。換言之，宗教撫慰人心的重要性不如往昔。尤其停止信徒、志工在宗教場域從事宗教科儀的群聚，將衝擊民間宗教師兄姐、基督教主內兄弟的情感。而且，宮廟堂間的交流暫停後，也影響到廟際往來的凝聚力。

六、結語

瘟疫、宗教、政治的三角關係，今昔大不相同。

在過去，科學未昌明，只好由宗教家運用「觀念」及隨其而來的儀式、宗教行動，積極面對瘟疫。在中、外的瘟疫史實中，西方耶教，中國巫術、道教、佛教，皆因應瘟疫而起。幾乎可以得到一法則：「瘟疫流行，常危及政權，卻是宗教發展的契機」。

反之，到了當代，卻出現悖論：即「瘟疫流行，政權依賴科學，兩者結合限縮了宗教」。科學與現代國家的結合，政府以「科學管理」來防新冠狀病毒之傳播，用「科學篩劑」或檢驗感染者，廣泛施打「科學疫苗」於人民，對抗染疫者的病情。此時，科學當道，宗教退避三舍。我國在今年5月疫情擴散，宣告第三級警戒，使宗教淪為邊陲行業。限制宗教場域信徒止步，禁止室內外群聚儀式及宗教活動，暫停「擲筊‧抽籤」、「燒香‧禮佛」、「符水‧持咒」、「送瘟神‧王船」、「斬妖除魔的暗訪‧日巡」等驅瘟。完全否定傳統宗教的「神學觀」、「巫醫觀」。傳統宗教神學及醫學不再被政府重視，宗教界對瘟疫的

公共政策幾乎使不上力。

宗教界面對病毒擴散，十之八九者只能「配合」政策、法令，拉起封鎖線而不作為，他們是瘟疫擴散的守法者，也是受傷最嚴重的一群。少數反應機伶的宗教領袖與執事，面對嚴峻的疫情及政府的政策、法令壓力，以智慧「轉化」，請神至三川殿或廟埕，讓信徒膜拜；或運用 3C 科技，積極弘法、代天宣化、藉此凝聚信徒與神明、宗教組織、宗教領袖的情感。只有極少數的宗教領袖，積極「承擔」疫情期間的作為，以神明、佛祖慈悲為名，行宗教慈善作為。他們熱情的捐助物資、篩檢站、協助政府購買疫苗，將宗教慈善作為修行法門。

由此看來，台灣地區的宗教，在疫情擴散期間，並非完全無作為。如果其領袖、執事者的心中，抱持「天職觀」及行善積德「修行觀」的視野。我估計，它們在後疫情時代，能夠持續發展。換言之，宗教家懂得與病毒相處，視其為上蒼對人類的考驗，而坦然面對。並引導信徒修行、反省、懺悔、弘法及行善。果能如此，我深信宗教依舊可立基於現代科學昌明的社會。而這可能是「修行、行善在人間」的現代性宗教觀，這此作為媲美基督教的天職觀，認為宗教人士應該恪守神賦與的使命，在瘟疫來臨時，與災民同呼吸，與橫死者同體大悲，他們具體付出實踐「同島一命」的情懷。

參考書目

Dunleavy, P. & Brendan O' Leary，羅慎平譯，《國家論》，台北：五南出版社，1994 年。

W. H. McNeill, pandemics and Peoples ,New York: Doubleday, 1976, pp 108-109、p121.

何立波，〈西元 2~3 世紀的大瘟疫和羅馬帝國的社會轉型〉，《社會理論學報》23 卷 2 期，2020 年 9 月，頁 311-323。

李豐楙，〈《道藏》所收早期道書的瘟疫觀－以《女青鬼律》及《洞淵神呪經》系為主〉，《中國文哲研究集刊》3 期，1993 年 3 月，頁 417-454。

李豐楙，〈巡狩南邦：東南亞地區代巡信仰的傳播及衍變－以馬六甲勇全殿 2012 年送王船為例〉，《東亞觀念史集刊》5 期，2013 年 12 月，頁 3-52。

林玉茹，〈潟湖、歷史記憶與王爺崇拜－－以清代鯤身王信仰的擴散為例〉，《臺大歷史學報》43 期，2009 年 6 月，頁 43-85。

林富士，〈試論漢代的巫術醫療法及其觀念基礎〉，《史原》第 16 期，1987 年，頁 29-53。

林富士，〈東漢晚期的疾疫與宗教〉，《中央研究院歷史語言研究所集刊》66 卷 3 期，1995 年 9 月，頁 695-745。

邱仲麟，2004.6，〈明代北京的瘟疫與帝國醫療體系的應變〉，《中央研究院歷史語言研究所集刊》75 卷 2 期，頁 331-388。

張家麟，〈宗教與少數民族人權觀察報告－「主權與人權」孰重、孰輕？〉，《2017 中國人權觀察報告》，2018 年，頁 183-221。

張家麟，《華人宗教 GPS3》，台北：台灣宗教與社會協會，2020 年。

陳邦賢，《中國醫學史》，上海：商務印書館，1936 年。

斯塔克（Rodney Stark）著，黃劍波、高民貴譯，《基督教的興起：一個社

會學家對歷史的再思》，上海：上海古籍，2005 年。

　　鄭仰恩，〈瘟疫衝擊下的基督教：幾個值得反思的信仰故事〉，《新使者雜誌》174 期，2020 年 9 月，頁 20-24。

　　鄭智元，〈從先秦疾病談宗教信仰的防疫思維和變化〉，《宗教哲學》91 期 ，2020 年 3 月，頁 119-140。

　　瞿海源，《宗教與社會》，台北：國立臺灣大學，2002 年。

　　李京倫，2021.6.29，〈彭博全球防疫韌性排名 我慘摔第 44〉，聯合新聞網：https://udn.com/news/story/122173/5564434，2021.7.4 下載。

　　蘋果新聞網 2021.6.7，〈三級警戒延長至 6/28 指揮中心公佈 12 項禁令〉，蘋果新聞網：https://tw.appledaily.com/life/20210607/LYC6M45YA-JF3FFQO3Z62NZNE6Q/，2021.7.4 下載。

　　聯合新聞網，2021.5.25，〈整理包／新冠肺炎疫苗逾 30 萬人施打 圖表看下批何時開打、各縣市接種數〉，聯合新聞網：https://udn.com/news/story/122173/5483039，2021.7.4 下載。

　　簡慧珍，2021.6.28，〈防疫禁入宮廟 香油錢大減五成以上〉，聯合新聞網：https://udn.com/news/story/7325/5562910，2021.7.4 下載。

　　康豹，〈瘟疫、罪惡與受難儀式：臺灣送瘟習俗面面觀〉，COVID-19 的人文社會省思網站：https://COVID-19.ascdc.tw/essay/87，2021.7.12 下載。

附件1 台灣地區染疫人數圖（2020.1-2021.7.9）

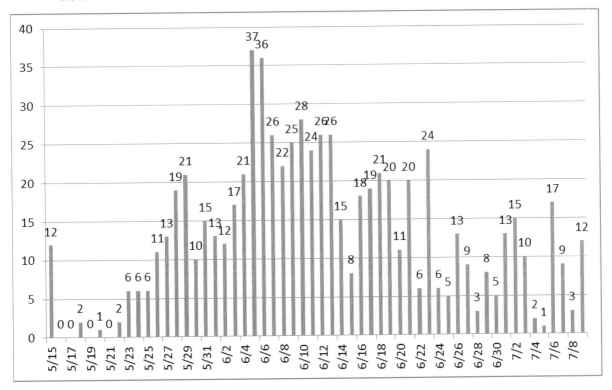

資料來源：1.2020-2021.7.9 染疫死亡統計數字；2. 本研究整理。

說明：從 2020 年 1 月到 2021 年 5 月 15 日，總共染疫死亡者 12 名。之後到 2021 年 7 月 9 日，

染疫死亡者 718 名。

附件 2 宗教團體購買疫苗與政府互動表

時間	宗教團體	政府
5/28	佛光山：宣告捐贈 50 萬劑嬌生疫苗	疫苗進口得需 8 大申請條件，含原廠授權
5/29	佛光山：原廠授權有難度	增設政府統籌簽約、採購等條件
5/31	慈濟：10 億元購買疫苗及物資	接見佛光山代表
6/2	佛光山：全力協助政府申購疫苗	1. 立委宣稱疫苗公司阻擋民間採購 2. 內政部長感謝慈濟伸出援手
6/3	佛光山：宣稱政府已經和美國嬌生公司持續聯繫，增添疫苗來台的機會	要求原廠授權供貨
6/8	-	衛福部長宣稱疫苗公司可能沒有貨
6/16	-	蔡總統強調：政府要盡量協助，希望公、私部門合作，以買到疫苗為最高指導原則
6/18	佛光山：願意協助政府購買嬌生疫苗	-
6/23	慈濟：向政府遞件，購買 500 萬劑 BNT	-
6/24	-	慈濟無法與鴻海、台積電併案採購
6/26	慈濟：希望政府比照台積電、鴻海申請案辦理	總統與上人視訊，願協助相關作業
6/30	-	部長歡迎慈濟加入採購

資料來源：1.2021.5.28-6.30 網路報導；2. 本研究整理。

參與線上會議宗教代表名單 （一）

1. 全球和平聯盟副理事長 陳拓環

2. 天德聖教台南市念字聖堂董事長 胡萬新

3. 中華天帝教總會副理事長 沈明昌

4. 理教總公所總執行長 胡文中

5. 台灣省道教會副理事長 林明華

6. 中國真佛宗密教總會榮譽理事長 蓮歐上師

7. 中華桃園明聖經推廣協會理事長 黃國彰

8. 高雄意誠堂主委 洪榮豐

9. 基隆代天宮常務監察委員 藍德俊

10. 台中南天宮主委 吳光雄

11. 屏東溪州代天府主委 黃瑞吉

12. 中華佛寺協會秘書長 林蓉芝

13. 中華儒道研究協會理事長 王祖淼

14. 財團法人軒轅教秘書 章雯綺

15. 基隆代天宮總幹事 李劉傳

16. 三芝錫板智成堂正鸞生 葉雲清

17. 大華嚴寺萬神嘉年華聯絡人 褚彥柏

18. 大溪九天禪恍殿活動組 詹文蕙

19. 大潭保安宮省修社天恩堂總幹事 蘇榮利

20. 山達基台中中心社會改善科科長 簡于翔

21. 五甲協善心德堂堂主 陳人惠

22. 仁美合善堂總務 王清見

23. 太和金闕玄清宮 葉老師

24. 月慧山觀音禪院 慈願師

25. 世界和平統一家庭聯合會彰化會會長 蔡瓊如

26. 台中玄德道院主委 吳寶倉

27. 台南普法道濟寺 汪師姐

28. 玄明宮主持 陳國禎

29. 花蓮玉里南天宮宮主 張浴金

30. 玉敕代天北巡府

31. 玉闕朝仁宮總幹事 林清松

32. 武聖宮宮主 陳白逢

33. 南天直轄德修道院院主 林振鴻

34. 南投縣魚池鄉英文堂會計 黃幸珍

35. 苗栗崇聖宮總幹事 張春旺

36. 財團法人新北市拱北殿副總幹事 歐露露

37. 高雄市道學研究協會道長 李勝利

38. 基隆代天宮圖書館管理員 劉禮群

39. 艋舺協天宮主委 簡世富

40. 無極御令合發宮宮主 陳俞嬑

41. 溪州聖安宮總幹事 余萬春

42. 義忠堂宮主 吳明熙

43. 福安宮總幹事 魏凌鈺

44. 鳳邑文衡殿誠心社明善堂堂主 林義雄

45. 頭份輔天宮主事 潘政毅

46. 龍華慈惠堂主持 陳玟瑜

47. 勸濟堂總幹事 林清隆

48. 車城鄉統埔鎮安宮主委 黃致富

49. 林園觀音佛院百善堂堂主 李明蓬

50. 中華民國天道總會天道弘揚委員會主任委員 葉俊麟

51. 財團法人山達基教會人道計畫辦公室主任 莊凱仲

參與線上會議學者名單（二）

1. 真理大學宗教學系教授 張家麟
2. 中央研究院民族學研究所研究員／所長 張珣
3. 政治大學宗教研究所教授 謝世維
4. 故宮博物院書畫文獻處研究員／科長 劉國威
5. 逢甲大學歷史與文物研究所教授 王志宇
6. 政治大學中國文學系教授 高莉芬
7. 銘傳大學通識教育中心副教授 劉久清
8. 高雄師範大學經學研究所副教授 陳韋銓
9. 真理大學觀光系助理教授／校牧室主任 王榮昌

跋：共識‧功德‧迴向‧感恩～
「大道向前行：後疫情時期宗教的回應」系列完結篇

「天下無不散之宴席，戲院無不散場之電影」！

學術上，也無不終結的「大道向前行」線上序列講座！

5天下來，得到廟、學兩界認真研討，激發出諸多的寶貴意見。我長了知識，也無限的感恩。

在首場：「宗教家如何運用『宗教神學觀』因應當代瘟疫」此議題，我對道教的道法自然「懺悔觀」，基督宗教的「天職觀」，人間佛教、儒教的行善積德「修行觀」印象深刻。這些神學觀日久彌新，實踐後足可感動天、地、人及信徒。

第二場討論：「宗教家如何運用眾神之功能處理瘟疫」。咸信，各宗教應該順應科學、高教育、政策管理瘟疫的時代趨勢。鼓勵信徒應理解其神祇的功能，虔誠祈求、課誦其經咒，強化自己在疫情時期的身、心、靈。

如信仰佛祖、信藏密者，可以請求觀音佛祖加持，唸誦「唵嘛呢叭咪吽」的〈六字大明咒〉、〈大悲咒〉、〈心經〉護身。或是誦讀達賴喇嘛教其信眾唸〈綠度母心咒〉：「唵‧達列‧都達列‧都列‧梭哈」安定心靈。

道教、儒宗神教及民間信仰，則可延請具斬除鬼祟瘟疫之毒的玄天上帝、關聖帝君、呂仙祖、豁落靈官、五福大帝、瘟王、清水祖師等眾神，誦讀《玄天上帝真經》及《列聖寶經》中相關的經、讚、懺。

第三場談「宗教家如何用宗教儀式化解瘟疫」，大夥得到了共識是：要用「陽、冥兩利」之儀，保護驚惶失措的生者，靈療感染 COVID-19 病毒者，安息

病死或打疫苗猝逝者。

耶教徒宜用禮拜、望彌撒、祈禱之儀，安慰生死、安息亡者。民間信仰者則適合以「牽狀」安頓、拔度猝死者。跨儒、釋、道三教的信者，更要用中元普度、水陸法會、蒙山施食儀，度化、施食此次災劫亡人，並安定人心。

儒宗神教之鸞生，尤不能忘掉請神臨壇降筆，聆聽聖訓避災、防疫。也可運用現代科技，線上集體誦經、收驚、祭解、補運安慰人心。解封時，以送王船、暗訪、日巡等儀式，化災度劫。玄門真宗則希望點燃「浩然正氣燈」對抗陰毒煞氣，護衛眾生。

第四場論「瘟疫流行時，我們要如何修行、養身、避瘟」。廟學兩界皆希望關閉道場、廟門之際，卻不可停止修行。也可摒除俗務，閉關打坐、讀書、鍛鍊身心靈。

疫情期間，以食物、運動、打八段錦、靈氣拳、療養、強健身體魄。並以此為基礎，提升自己的心志。宗教人士不能只立己、利己，還要立人、度人、利益眾生。最後，以聖凡雙修，再由凡入聖，達到超凡入聖之境，親近聖神仙佛、上帝。

第五場，反思「疫情擴散，宗教家如何看待政府管制宗教」，各宗教的困境、回應、發展等問題。大夥得到幾點共識：配合政府防疫，並建議政府作更細膩、合理之管理宗教政策。

在此期間，各宗教人士、領袖，要持續作合適的科儀、宣教及善行活動，維持宗教的神聖、靈驗、道德、超越性。維繫人與人、人與神、廟際間的情感關係。或是運用 3C 科技，以線上直播、錄影，持續上課、宣教、弘法。

最後，總結五天線上廟學兩界的學術講座序列，具有下列幾點意義：

1. 配合防疫，大家彼此上線分享、學習、精進。

2. 呈現跨五大宗教、跨上百間宮廟堂寺之代表，上線多元對話。

3. 約廟、學兩界 30 名精英線上主講，互動激盪。

4. 學界同意，願客觀、協助化解宗教與政治的矛盾，並提出建言。

5. 「大道向前行」，宗教人士學者永不止息修行、研究、弘法之志業。

6. 玄門真宗所作的一切功德，迴向給其志工、信徒、與會者。

7. 如有丁點成果，呈現給玉皇大天尊玄靈高上帝及各教之神、佛。

五天開講、對談，已畫下宗教史的新頁，未來的宗教新章，依舊靠您我持續書寫。

在關帝 1860 歲聖壽前夕，虔誠祈願關帝及眾神發神威，疫止平安！志心懺悔眾人之罪業，顒望神再次賜福、庇祐！

講座召集　　中華玉線玄門真宗教尊　　　陳桂興

講座策畫　　真理大學教授　　　　　　　張家麟

國家圖書館出版品預行編目資料

大道向前行／陳桂興編召,張家麟總編.
－－第一版－－臺北市：宇河文化 出版；
紅螞蟻圖書發行，2022.1
面 ； 公分－－（玄門真宗；13）
ISBN 978-986-456-326-5（平裝）

1.宗教 2.信仰

210.111　　　　　　　　　　110020253

玄門真宗13

大道向前行

總　　　召／陳桂興
總　　　編／張家麟
發 行 人／賴秀珍
總 編 輯／何南輝
校對整理／柯貞如、蘇倍民、紀婷婷、陳芊妏
美術構成／沙海潛行
出　　　版／宇河文化出版有限公司
發　　　行／紅螞蟻圖書有限公司
地　　　址／台北市內湖區舊宗路二段121巷19號(紅螞蟻資訊大樓)
網　　　站／www.e-redant.com
郵撥帳號／1604621-1　紅螞蟻圖書有限公司
電　　　話／(02)2795-3656（代表號）
傳　　　真／(02)2795-4100
登 記 證／局版北市業字第1446號
法律顧問／許晏賓律師
印 刷 廠／卡樂彩色製版印刷有限公司
出版日期／2022年1月　第一版第一刷

定價 480 元　　港幣 160 元

ISBN 978-986-456-326-5　　　　　　Printed in Taiwan

關聖帝君《玄靈高上帝》親敕 建立自己的教門

尋回自己的累世的門徒 咸令得到皈依、歸宿

玄門真宗 總山門

玄門山

關聖帝君《玄靈高上帝》親臨降頒，尋回自己的緣生門徒，為近二千年來的神威救渡及五常德『仁、義、禮、智、信』精神能有一定位，更讓關聖帝君《玄靈高上帝》近二千年來的神人因緣、門徒有所的皈依歸宿。

天運甲子歲次開科，關聖帝君《玄靈高上帝》親敕點選門徒，創建以「關聖帝君《玄靈高上帝》」為教主的宗教脈延，親敕以『玄門真宗』為教名，更從立『教名』、『會集賢才』、『創建道場』、『立教申請』、『學術公聽會』等完成創建以關聖帝君《玄靈高上帝》為教主的『玄門真宗』。

根據「玉皇尊經」的記載，關公在公元一八六四年被各教教主推舉，禪登「玉皇大天尊玄靈高上帝」，至今一百三十餘年，復於公元二〇〇三年在內政部正式申請立教，有了自己的教門，自己的國度，稱為圓融國度。

關聖帝君如今已立有自己的教門『玄門真宗』來宏揚無量無邊的神威誓願，有廣大的門徒，有完整的經卷和殊勝濟世的方便法門，如今更創建『玄門山』為宣教總山門，得以更完整的建制，組織，宏揚關聖帝君《玄靈高上帝》的大誓願天命、拔選人才、為社會，為云云眾生行救渡、救贖、教化的大慈悲誓願。

讓我們在恩主恩師的五常課程學修教門

追求法喜的身體健康
創造通達的人際關係
經營和諧的圓滿家庭
建立利益眾生的事業
實現精勤的人生理想

歡迎你回家